これからの介護・福祉事業を担う経営"人財"

介護福祉経営士テキスト 基礎編I

第3版

介護福祉関連法規
その概要と重要ポイント

長谷憲明

監修　一般社団法人日本介護福祉経営人材教育協会

日本医療企画

介護福祉サービスは法律の塊、事業の継続発展には法令の理解と遵守が不可欠

　介護福祉サービスは、利用者に質の高いサービスを提供し、利用者やその家族の「QOL」を上げることで、目標が達成されます。そのためには処遇する職員の介護技術等の向上が極めて重要なことは論を待ちません。では、介護福祉事業者は、サービスの援助技術の向上を常に心がけていれば、それでよいかというとそうではありません。

　介護福祉事業（経営）者として、質の高いサービスを提供するためには、提供できる体制・基盤を整備することが前提となります。

　体制・基盤の整備とは、具体的には、「職員が介護しやすい環境」、「利用者が質の高いサービスを享受できる」、そして「事業が適正に継続できる」ように体制を整備することです。これは、介護福祉事業（経営）のマネジメントともいえます。

　その介護福祉事業のマネジメントを行うためには、中長期に渡る事業計画の策定等といった経営の視点が必要ですが、その前段として、介護福祉事業を取り巻く関係法令を正しく理解し、事業経営に反映させることが必須となります。

　介護福祉サービスは、Ⅵ～Ⅶページの「介護事業経営に関する法令鳥瞰図」、Ⅷ～Ⅸページの「介護事業経営に関する法令・通知等鳥瞰図」にあるように、実は法律の塊です。まずは、介護福祉サービスの提供についての基本的考え方を示した社会福祉法があります。また、介護福祉事業（経営）を行おうとすれば、サービスの種類ごとに施設やサービスの設置に関する法律、建物面積・設備等の基準や職種や人員の配置に関する法律、具体的なサービスの提供の方法に関する法律などがあります。利用者を災害から保護するための消防法の規定をはじめ、消費者契約法、成年後見制度等の利用者を保護する法律があります。日々の利用者の権利や日常生活を支える法律としては、年金・医療等の法律など様々な法律があります。また、従事者の労働環境等に関する労働関連の法律があります。現在は社会保障制度の大きな変革期であり、これらの法令は改正された

り、新たに創設されることもあります。「事業の適正な継続」のためには、それらを理解して、事業に反映させることが必要です。

　様々な法律を事業に反映させようとするとき、実際は、その法律についての具体的内容を示した政令・省令等の法令があります。さらにその法令の解釈等を示した通知があります。事業に関係する法律をはじめ、政令・省令、その解釈を示した通知を含めて知ることにより、はじめて事業に反映させることができます。気が遠くなるほど面倒な世界です。加えて、介護福祉サービスを巡る様々なトラブルの発生等を受けて、介護福祉事業関係者に対しては、「法令遵守」が年々強く求められるようになりました。違反があった場合には、事業の取消や費用の返還等を命じられることがあります。

　また、令和3年度からの改正で注意すべき点は、改正法名にあるように「地域共生社会の実現」に向けた「社会福祉法等の一部改正」であるということです。法改正の主軸は社会福祉法の改正であり、介護保険法改正はその流れの中の一つという位置づけです。改正により、介護保険を取り巻く社会・地域の環境はどう変わろうと、あるいは変えようとしているのか。めざされている地域社会は、いつごろどのような形で実現するのか、地域差は、その中での事業者の役割は変わるのか、変わらないのか。それは様々な立場の介護事業の経営にどのような影響をもたらすのか見極める必要があります。

　本書では、介護保険を取り巻く関係法令に加えて、令和3年改正の持つ意味について考える資料等も加えました。2025年、あるいは2040年に向けて社会保障制度・介護保険制度はどのような方向に向かおうとしているのか。その際、必要な事業の見直しをどうすべきなのか、経営者の判断が求められているといっても過言ではありません。

　地域共生社会の下での事業経営を考える一助になれば幸いです。

長谷憲明

介護事業経営に関する法令・通知等鳥瞰図

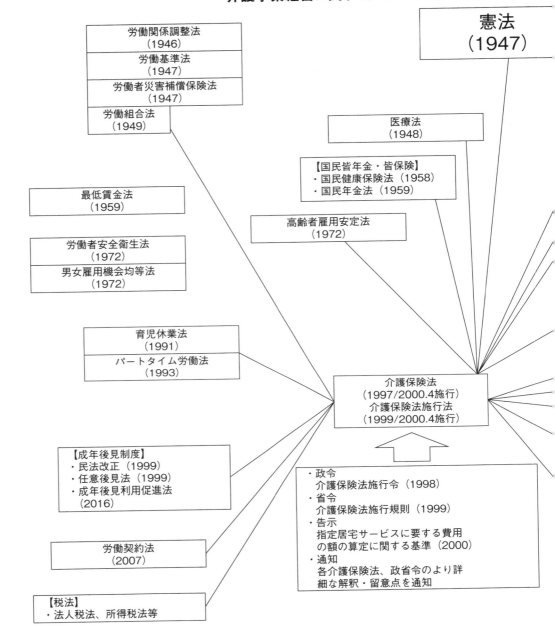

憲法
（1947）

労働関係調整法
（1946）

労働基準法
（1947）

労働者災害補償保険法
（1947）

労働組合法
（1949）

医療法
（1948）

【国民皆年金・皆保険】
・国民健康保険法（1958）
・国民年金法（1959）

最低賃金法
（1959）

高齢者雇用安定法
（1972）

労働者安全衛生法
（1972）

男女雇用機会均等法
（1972）

育児休業法
（1991）

パートタイム労働法
（1993）

介護保険法
（1997/2000.4施行）
介護保険法施行法
（1999/2000.4施行）

【成年後見制度】
・民法改正（1999）
・任意後見法（1999）
・成年後見利用促進法
（2016）

・政令
　介護保険法施行令（1998）
・省令
　介護保険法施行規則（1999）
・告示
　指定居宅サービスに要する費用
　の額の算定に関する基準（2000）
・通知
　各介護保険法、政省令のより詳
　細な解釈・留意点を通知

労働契約法
（2007）

【税法】
・法人税法、所得税法等

その1　広範な関係図

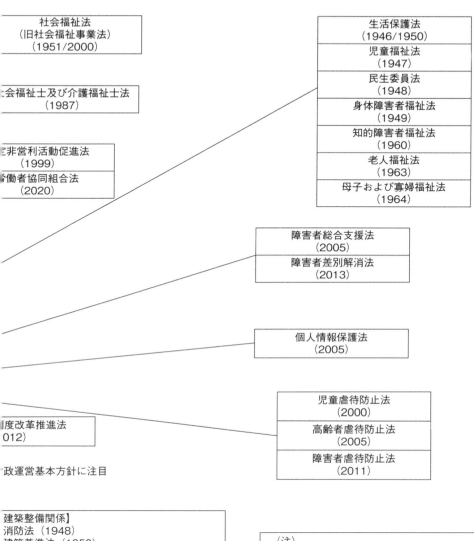

社会福祉法
（旧社会福祉事業法）
（1951/2000）

会福祉士及び介護福祉士法
（1987）

定非営利活動促進法
（1999）
労働者協同組合法
（2020）

生活保護法
（1946/1950）

児童福祉法
（1947）

民生委員法
（1948）

身体障害者福祉法
（1949）

知的障害者福祉法
（1960）

老人福祉法
（1963）

母子および寡婦福祉法
（1964）

障害者総合支援法
（2005）

障害者差別解消法
（2013）

個人情報保護法
（2005）

度改革推進法
012）

政運営基本方針に注目

児童虐待防止法
（2000）

高齢者虐待防止法
（2005）

障害者虐待防止法
（2011）

建築整備関係】
消防法（1948）
建築基準法（1950）
文化財保護法（1950）
都市計画法（1968）
高齢者居住安定法（2001）
バリアフリー法（2006）
省エネルギー法（2015）

（注）
①法律名は略称を含む
②介護保険事業の運営には、さまざまな法令がかかわっている。
③実際の運用にあたっては、政省令・通知で詳細を把握する必要がある。

★2020年社会福祉法及び介護保険法改正は考え方の転換があり要注意

介護事業経営に関する法令・通知等鳥瞰図

○健康保険及び厚生年金保険
　強制適用事業所
　（各法3条3項及び6条1項）

○防火・防災管理
→消防法施行令
　防火管理者、防災計画、避難
　訓練等

○労災保険及び雇用保険
　（各法3条、5条）
○労働基準法関連
　労働時間、給与、休憩時間、
　休暇、採用と解雇

○人材の確保（人材育成・資格
　者）
○人材派遣
　短時間労働の雇用管理
○個人情報保護と就業規則

介護保険法
成立1997.12
施行2000.4

地域共生社会
地域包括
ケアシステム
の構築

○EPAに基づく外国人介護福祉
　士候補者の受入れ

より具体的に

主な政省令・告示

政令・介護保険法施行令（1998.10）
　　　　特定疾病の種類、介護認定審査会、地域支援事業等の内容を規定
　・介護保険の国庫負担金の算定等に関する政令（1998.12）
省令・介護保険法施行規則（1999.3）
　　　　要介護状態の継続見込み期間、法に定める日常生活上の世話
　　　　法で定める施設、法で定める者、福祉用具専門相談員の資格等を規定
　・介護保険の調整交付金の交付額の算定に関する省令（2000.3）
告示・指定居宅サービス等の事業の人員、設備及び運営に関する基準（1999.3）
　・要介護認定等基準時間の推計の方法（2000.3）
　・厚生労働大臣が定める一単位の単価（2000.2）
　・厚生労働大臣が定める施設基準（2000.2）
　・指定居宅サービスに要する費用の額の算定に関する基準（2000.2）
　・指定介護サービス費等区分支給限度基準額等（20001.2）
　・指定介護予防サービスに要する費用の額の算定に関する基準（2006.3）
　・指定地域密着型サービスの介護報酬単位数（2006.3）
　・厚生労働大臣が定める福祉用具貸与等の福祉用具の種目（1999.3）
　・厚生労働大臣が定める介護支援専門員等に係る研修の基準（2006.3）
　・介護保険事業に係る保険給付の円滑な実施を確保するための基本的指針（介
　　護保険業計画関連2006.3）

（　）内の数字は西暦

その2（各法令に基づき、より詳細な内容を示した政省令や通知がある）　例示

老人福祉法（1963.7）
・老人福祉法施行令（政令1963.7）
・老人福祉法施行規則（省令1963.7）
→老人ホームへの入所措置等の指針について（2006.3局長通知）
→高齢者生活福祉センターの運営事業の実施について（2000.9局長通知）
→老人（在宅）介護支援センターの運営について（2006.3局長通知）
・特別養護老人ホームの設備及び運営に関する基準（省令1999.3）
・軽費老人ホームの設備及び運営に関する基準（省令2008.5）

介護保険法（2000.4施行／2020年改正）地域共生社会の実現に向けて
・国・地方公共団体は・・<u>認知症本人、介護者への支援体制整備その他の認知症施策を総合的に推進するよう努めなければならない</u>（法第5条の2関係）
・<u>市町村介護保険事業計画に定める事項</u>：サービス従事者の確保、資質の向上、業務の効率化と質の向上。認知症施策の総合的推進に関する事項等(法第117条3項,4項)など

社会福祉法（1951/2000名称変更／2017年改正）
・サービスの基本理念、利用者への情報提供、利用者への書面交付、苦情対応、サービス向上のための措置、サービスの評価、誇大広告の禁止
　地域共生社会の創出へ／地域共生社会

共生型サービス（高齢・障害・児童等の分野を超えた利用が可能に）
・共生型サービス：デイサービス等で実施
・相談機能の包括化：分野を超えた介護相談、雇用相談等のモデル実施が始まっている。

地域共生社会の構築に向けて（社会福祉法2020年改正）
・住民が地域住民として地域課題の把握・解決に向けて活動するよう規定（法第4条）
・市町村は住民の活動を支援し、活動しやすい環境をつくる（法第6条）
・地域活動づくりを支援する仕組みとして「重層的支援体制整備事業」の創設
・地域共生社会の推進に向け活動する「社会福祉連携推進法人」制度の創設（法第125条）

☆解釈通知等
法令等の内容について、より具体的取り扱い等を示す。例示

・「訪問介護におけるサービス行為ごとの区分等について」の一部改正について
　（2000.3課長通知、改正2018年）
・指定居宅サービスに要する費用の額の算定に関する基準（訪問通所サービス等）の費用の額の算定に関する基準の制定に伴う実施上の留意事項について（2000.3課長通知、改正2021.3）
・事業所評価加算に関する事務処理手順及び様式例について（2006.9課長通知）
・介護報酬の請求に係る消滅時効の起算日について（2002.3事務連絡）
・介護支援専門員実務研修受講試験の実施について（2006.5通知）
・第八期介護保険事業計画の作成準備について（2019.7厚労省説明会資料）

★地域共生社会とは、
　地域の主体として住民が地域づくりり体的に参画する。
　・小さな地域課題は住民が解決
　　元気な高齢者の社会参加
　　住民同士の支えあい（自助と絆）
　・住民で解決できない大きな課題は公的支援で（公助）

市町村の支援・誘導・
リーダーシップで実現

CONTENTS

※法令等は暫時改定されますので、必要な場合は「e-Gov 法令検索」などでご検索下さい。

第 **1** 章
社会福祉サービスの特性

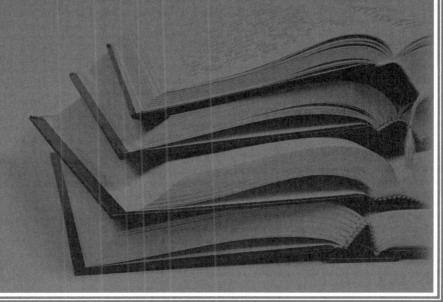

1 日本国憲法の規定
（昭和21年制定　昭和22年5月施行）

1 サービスを受ける権利

　日本の社会保障制度については、最高規範である憲法で「生存権の保障」が謳われ、また国民の幸福を追求する権利については「最大限尊重される必要がある」と規定されています。

　とはいえ、この憲法によって直接的に「国民がサービスを利用できる権利」が生まれるのではなく、具体的なサービスの実施とその利用については対象ごとに「生活保護法」「児童福祉法」などの個別の法律によるとされ、国は福祉サービスに関する法律を個別に策定し、サービスの提供体制を整えています。

> **憲法に定める規定**
> 第13条　すべて国民は、個人として尊重される。生命、自由及び幸福追求に対する国民の権利については、公共の福祉に反しない限り、立法その他の国政の上で、最大の尊重を必要とする。
> 第25条　すべて国民は、健康で文化的な最低限度の生活を営む権利を有する。
> 2　国は、すべての生活部面について、社会福祉、社会保障及び公衆衛生の向上及び増進に努めなければならない。

2 社会福祉法
（昭和26年法律第45号　改正令和2年法律第52号）

1　措置制度から契約制度へ

　わが国では戦後間もなく、生活困窮者、児童、障害者等に関する法律が制定され福祉サービスが提供されてきました。1951（昭和26）年になると、各福祉サービスの提供に当たって「共通ルール」を定めた社会福祉事業法が制定されました。この法において社会福祉事業が定義され、また福祉事務所制度、社会福祉法人、社会福祉協議会等について規定されています。　これらの法律は、行政がサービスを決定する措置制度を前提とした「仕組み」でした。

　やがてサービスの利用が契約制度に移行したことに伴って、利用者は自分の責任で事業者と契約しサービスを利用することになります。そこで新しい仕組みに転換しつつあることを踏まえ、「社会福祉事業法」の改正が2000（平成12）年に行われ、名称を「社会福祉法」と改めるとともに、新たにサービス提供の理念等が規定されました。民間事業者を含む事業者は、この理念を尊重しながらサービスを提供することになったのです。

「社会福祉事業法（現社会福祉法）」の改正と福祉サービス提供の理念等
①個人の尊厳保持に努めること
②福祉サービスは、利用者が心身共に健やかに育成されるとともに、能力に応じ自立した日常生活が営めるよう支援すること
③サービスは良質かつ（利用者に）適切なものであること
④保健医療サービス等との有機的連携に創意工夫すること

「社会福祉法」に定めるサービス提供の基本的理念等
（福祉サービスの基本的理念）
第3条　福祉サービスは、個人の尊厳の保持を旨とし、その内容は、福祉サービスの利用者が心身ともに健やかに育成され、又はその有する能力に応じ自立した日常生活を営むことができるように支援するものとして、良質かつ適切なものでなければならない。
（福祉サービスの提供の原則）
第5条　社会福祉を目的とする事業を経営する者は、その提供する多様な福祉サービスについて、利用者の意向を十分に尊重し、地域福祉の推進に係る取組を行う他の地域住民等の連携を図り、かつ、保健医療サービスその他の関連するサービスとの有機的な連携を図るよう創意工夫を行いつつ、これを総合的に提供することができるようにその事業の実施に努めなければならない。

2　社会福祉法の目的

社会福祉法の目的は次の通りです。

（目的）
第1条　この法律は、社会福祉を目的とする事業の全分野における共通的基本事項を定め、社会福祉を目的とする他の法律と相まつて、福祉サービスの利用者の利益の保護及び地域における社会福祉（以下「地域福祉」という。）の推進を図るとともに、社会福祉事業の公明かつ適正な実施の確保及び社会福祉を目的とする事業の健全な発達を図り、もつて社会福祉の増進に資することを目的とする。

介護保険法の施行とともに、2000（平成12）年改正により法の目的に「地域福祉の推進」が新たに盛り込まれました。

地域福祉の推進は、その後、2012（平成24）年の介護保険法改正で提示された「地域包括ケアシステム」の構築につながりました。

その後、2017（平成29）年の社会福祉法改正において、地域共生社会の実現に向けた、地域住民の参加を促すとともに、市町村による住民の活動支援等が行われました。

2020（令和2）年の介護保険法等改正においては「地域共生社会の実現向けた社会福祉法等の一部を改正する法律」という名称の一括法で行われました。そこには、地域福祉推進の主体として、地域住民の参画が強く位置付けられました。

（地域福祉の推進）

第四条　地域福祉の推進は、地域住民が相互に人格と個性を尊重し合いながら、参加し、共生する地域社会の実現を目指して行われなければならない。

2　地域住民、社会福祉を目的とする事業を経営する者及び社会福祉に関する活動を行う者（以下「地域住民等」という。）は、相互に協力し、福祉サービスを必要とする地域住民が地域社会を構成する一員として日常生活を営み、社会、経済、文化その他あらゆる分野の活動に参加する機会が確保されるように、地域福祉の推進に努めなければならない。

3　地域住民等は、地域福祉の推進に当たっては、福祉サービスを必要とする地域住民及びその世帯が抱える福祉、介護、介護予防（要介護状態若しくは要支援状態となることの予防又は要介護状態若しくは要支援状態の軽減若しくは悪化の防止をいう。）、保健医療、住まい、就労及び教育に関する課題、福祉サービスを必要とする地域住民の地域社会からの孤立その他の福祉サービスを必要とする地域住民が日常生活を営み、あらゆる分野の活動に参加する機会が確保される上での各般の課題（以下「地域生活課題」という。）を把握し、地域生活課題の解決に資する支援を行う関係機関（以下「支援関係機関」という。）との連携等によりその解決を図るよう特に留意するものとする。

　社会福祉法第4条にあるように、地域住民は地域福祉の担い手として、他の事業者等と協力して、地域課題の解決に向けた活動に参加することが期待されるようになりました。

　これは今後の社会福祉あるいは地域福祉の担い手として、地域住民の役割が明示され、地域課題解決に当たっては、そこで事業を経営するものと協力・協働して取り組むことが期待されています。法律が変われば住民が地域福祉に主体的に参加することは困難で、その実現に向けて市町村が環境を整えることとされています。

　サービス事業者は、このように今後の方向性を踏まえて、事業を構築する必要があります

図1-1●地域共生社会イメージ図

3. 地域共生社会の実現に向けた取組の推進

「我が事・丸ごと」の地域作り・包括的な支援体制の整備

1. 「我が事・丸ごと」の地域福祉推進の理念を規定

地域福祉の推進は、支援を必要とする住民（世帯）が抱える多様で複合的な地域生活課題について、住民や福祉関係者による①把握及び②関係機関との連携等による解決が図られることを目指す旨明記。

2. この理念を実現するため、市町村が以下の包括的な支援体制づくりに努める旨を規定

○ 地域住民の地域福祉活動への参加を促進するための環境整備
○ 住民に身近な圏域において、分野を超えて地域生活課題について総合的に相談に応じ、関係機関と連絡調整等を行う体制（＊）
（＊）例えば、地区社協、市区町村社協の地区担当、地域包括支援センター、相談支援事業所、地域子育て支援拠点、利用者支援事業、社会福祉法人、NPO法人等
○ 主に市町村圏域において、生活困窮者自立相談支援機関等の関係機関が協働して、複合化した地域生活課題を解決するための体制

3. 地域福祉計画の充実

○ 市町村が地域福祉計画を策定するよう努めるとともに、福祉の各分野における共通事項を定め、上位計画として位置づける。（都道府県が策定する地域福祉支援計画についても同様。）

※法律の公布後3年を目途として、2の体制を全国的に整備するための方策について検討を加え、必要があると認めるときは、その結果に基づいて所要の措置を講ずる旨の附則を置く。

新たに共生型サービスを位置づけ

○ 高齢者と障害児者が同一の事業所でサービスを受けやすくするため、介護保険と障害福祉両方の制度に新たに共生型サービスを位置付ける。（指定基準等は、平成30年度介護報酬改定及び障害福祉サービス等報酬改定時に検討）

現行

障害児者 → 障害福祉サービス事業所等
高齢者 → 介護保険事業所

サービスを提供する場合、それぞれ指定基準を満たす必要がある

＋

新　共生型サービス事業所等
障害児者 ＋ 高齢者
障害福祉サービス事業所等であれば、介護保険事業所等の指定も受けやすくする特例を設ける。
※逆も同じ。

※対象サービスは、
①ホームヘルプサービス、
②デイサービス、
③ショートステイ等を想定

4

3 日本の社会保障制度

1 「措置制度」から「契約制度」への転換

　1950（昭和25）年の社会保障制度審議会の勧告により、戦後の日本の社会保障制度の大枠が定められ、高度経済成長期を通じて制度の構築・充実が図られてきました。

（1）社会保障制度審議会勧告（1950〔昭和25〕年5月）

　社会保障制度については「いわゆる社会保障制度とは、疾病、負傷、分娩、廃疾、死亡、老齢、失業、多子その他困窮の原因に対し、保険的方法又は直接公の負担において経済保障の途を講じ、生活困窮に陥った者に対しては、国家扶助によって最低限度の生活を保障するとともに、公衆衛生及び社会福祉の向上を図り、もってすべての国民が文化的社会の成員たるに値する生活を営むことができるようにすることをいうのである」としました。

　これにより、日本の社会保障制度は**図表1-2**のような構成を持つことになりました。後年、これに住まいや環境等を加えたものを広義の社会保障といいます。

　実際の社会保障（福祉）の運用については、サービス提供の主体が行政である措置制度による「社会福祉」が大きなウェイトを持っていました。社会保険としての国民皆年金が実現したのは1961（昭和36）年、社会福祉の分野では1950年には福祉三法体制が確立し、高度経済成長期には福祉六法となるなど、福祉制度の充実が図られました。

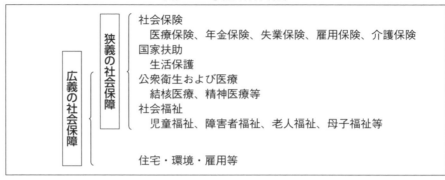

図表1-2●社会保障制度

		社会保険 　医療保険、年金保険、失業保険、雇用保険、介護保険 国家扶助 　生活保護 公衆衛生および医療 　結核医療、精神医療等 社会福祉 　児童福祉、障害者福祉、老人福祉、母子福祉等

　やがて、石油ショック等の経済危機、高度経済成長の終焉を経て、戦後社会福祉の枠組みの見直しが始まります。介護保険制度の創設を想定し新たな日本の福祉の枠組みについての検討が行われ、大きな転換につながっていくのです。

（2）社会保障制度の構造改革（「中間まとめ」、1996〔平成8〕年11月）

　介護保険法成立の1年前には、社会保障制度関係審議会会長会議により「中間まとめ」が出されました（**図表1-3**）。

　そこでは介護保険制度について次のように整理されています。

①措置制度によるサービス提供から、私的契約によるサービス利用へ

②「税を財源」から「社会保険料を財源」へ

③高齢福祉サービスの実施主体（責任）が「公」から「私」へ変更

④サービスの普遍化（必要な人は誰でも利用できる）

⑤民間事業者の福祉サービスへの参入の促進

　そして、介護保険制度の改正により、社会保障制度の再編成が始まりました。

　介護保険制度は、今後も他制度を巻き込み、直接的・間接的な改正が行われる見込みです。

　図表1-3について、その後の経緯を見てみると、「改革の基本的な方向」では③にある民間活力の促進が積極的に行われました。既成

図表1-3●社会保障制度の構造改革（「中間まとめ」／1996〔平成8〕年11月）

【改革の基本的方向】	【改革の視点】	【各分野における改革の方向】
①国民経済と調和しつつ、社会保障に対する国民の需要に適切に対応 ②個人の自立を支援する利用者本意の仕組みの重視 ③公私の適切な役割分担と民間活力の促進	①社会保障に対する需要への対応と制度間の重複等の排除という視点に立った制度横断的な再編成等による全体の効率化 ②在宅医療・介護に重点を置いた利用者本位の効率的なサービス提供 ③全体としての公平・公正の確保 ④その他	◇介護 ・構造改革の第1歩として、介護保険制度を創設 ・高齢者自身の適切な保険料や利用料の負担 ・医療保険からの介護の分離（介護保険を契機とした改革） ↓ ◇医療 ・総合的段階的改革による医療費の伸びの安定化 ・1997（平成9）年度を第1歩とする改革の実施 ◇年金 ・将来の給付と負担の適正化 ・公私の年金の適切な組み合わせ ・企業年金の改革 ◇福祉 ・サービス提供体制の整備 ・年金・雇用・住宅等も含めた制度横断的かつ総合的な少子化対策の推進 ・障害者施策の総合化

出所：『平成11年版厚生白書』を一部修正

の体制の改革という意味での役割もあったと思われますが、その一方で多様な事業者が参入することで、「法令遵守」が一部で損なわれるという問題も起きています。

「改革の視点」では、①医療、介護、年金での制度横断的な再編成が行われていますし、②在宅医療・介護に重点を置いた施策の見直しが行われつつあります。

「各分野における改革の方向」では、介護保険の創設（2000〔平成12〕年、介護保険法が施行）、後期高齢者医療制度の創設（2008〔平成20〕年施行）、年金の給付と負担のあり方等次々と制度の見直し・再編が進んでいます。障害分野でも支援費制度から障害者自立支援法（2005〔平成17〕年制定。現・障害者総合支援法）へ、変わりました。

（3）これからの社会保障制度改革の方向性

2012（平成24）年度以降、社会保障制度の方向に明確な変化が表

れてきました。それは公的サービスの拡充による住民課題の解決という制度の方向性に、公的サービスによる支援とともに、地域課題の解決に向けた住民の主体的参加との公私協働です。

その流れをは以下のように現在につながっています。

社会保障制度改革推進法（平成24年法律第64号）

（目的）

第一条　この法律は、近年の急速な少子高齢化の進展等による社会保障給付に要する費用の増大及び生産年齢人口の減少に伴い、社会保険料に係る国民の負担が増大するとともに、国及び地方公共団体の財政状況が社会保障制度に係る負担の増大により悪化していること等に鑑み、所得税法等の一部を改正する法律附則第百四条の規定の趣旨を踏まえて安定した財源を確保しつつ受益と負担の均衡がとれた持続可能な社会保障制度の確立を図るため、社会保障制度改革について、その基本的な考え方その他の基本となる事項を定めるとともに、社会保障制度改革国民会議を設置すること等により、これを総合的かつ集中的に推進することを目的とする。

（基本的な考え方）

第二条　社会保障制度改革は、次に掲げる事項を基本として行われるものとする。

一　自助、共助及び公助が最も適切に組み合わされるよう留意しつつ、国民が自立した生活を営むことができるよう、家族相互及び国民相互の助け合いの仕組みを通じてその実現を支援していくこと。

二　社会保障の機能の充実と給付の重点化及び制度の運営の効率化とを同時に行い、税金や社会保険料を納付する者の立場に立って、負担の増大を抑制しつつ、持続可能な制度を実現すること。

三　年金、医療及び介護においては、社会保険制度を基本とし、国及び地方公共団体の負担は、社会保険料に係る国民の負担の適正化に充てることを基本とすること。

四　国民が広く受益する社会保障に係る費用をあらゆる世代が広く公平に分かち合う観点等から、社会保障給付に要する費用に係る国及び地方公共団体の負担の主要な財源には、消費税及び地方消費税の収入を充てるものとすること。

以上のように、公私の役割、サービスの効率化、給付と負担の見直し等今後の改革の方向性について規定しています。

（4）2021（令和3）年度からの社会保障制度改革の方向性について

社会保障制度の改革の方向性について、国全体の方針として、以下の方針を閣議で決定しています。制度改正はこの方向性に沿って行われることとなりました。

---

① 経済財政運営と改革の基本方針2017について
　（平成29年6月9日閣議決定）
　3．主要分野ごとの改革の取組
　（1）社会保障
　① 基本的な考え方

　全ての団塊の世代が後期高齢者となる2025年度を見据え、データヘルスや予防等を通じて、国民の生活の質（QOL）を向上させ、国民皆保険・皆年金を維持し、次世代に引き渡すことを目指す。このため、「経済・財政再生計画」に掲げられた44の改革項目について、改革工程表に沿って着実に改革を実行していく。

　2018年度（平成30年度）は、診療報酬・介護報酬等の同時改定及び各種計画の実施、国民健康保険（国保）の財政運営の都道府県単位化の施行、介護保険制度改正の施行など重要な施策の節目の年であることから、改革の有機的な連携を図るよう施策を実施していく。公平な負担の観点を踏まえた効果的なインセンティブを導入しつつ、「見える化」に基づく国による効果的な支援等を行うことによって、都道府県の総合的なガバナンスを強化し、医療費・介護費の高齢化を上回る伸びを抑制しつつ、国民のニーズに適合した効果的なサービスを効率的に提供する。

②経済財政運営と改革の基本方針2019について
　（令和元年6月21日閣議決定）
（2）全世代型社会保障への改革
（ⅰ）70歳までの就業機会確保
（多様な選択肢）

　人生100年時代を迎え、働く意欲がある高齢者がその能力を十分に発揮できるよう、高齢者の活躍の場を整備することが必要である。

　高齢者の雇用・就業機会を確保していくには、70歳までの就業機会の確保を図りつつ、65歳までと異なり、それぞれの高齢者の特性に応じた活躍のため、とり得る選択肢を広げる必要がある。

法制度上整える選択肢のイメージは、
　（a）定年廃止
　（b）70歳までの定年延長
　（c）継続雇用制度導入（現行65歳までの制度と同様、子会社・関連会社での継続雇用を含む）
　（d）他の企業（子会社・関連会社以外の企業）への再就職の実現
　（e）個人とのフリーランス契約への資金提供
　（f）個人の起業支援
　（g）個人の社会貢献活動参加への資金提供　　　　が想定し得る。

（ⅱ）介護予防の促進について

　介護予防も、保険者（市町村）や当該地域の都道府県の役割が重要であり、保険者と都道府県の予防・健康インセンティブの強化を図る。

（介護インセンティブ交付金15（保険者機能強化推進交付金））
（a）介護予防について、運動など高齢者の心身の活性化につながる民間サービスも活用し、地域の高齢者が集まり交流する通いの場の拡大・充実、ポイントの活用といった点について、
（b）高齢者就労・活躍促進について、高齢者の介護助手への参加人数、ボランティアや介護助手へのポイント付与といった点について、交付金の配分基準のメリハリを強化する。

【経済財政運営と改革の基本方針2020」令和2年7月17日閣議決定】
（ⅳ）「新たな日常」を支える包摂的な社会の実現
（2）「経済再生なくして財政健全化なし」の基本方針の下2020 年末までに改革工程の具体化を図る。
○　社会保障については、柔軟で強靱な医療提供体制の構築、デジタル化・オンライン化を実現する。国民皆保険を維持しつつ、社会保障制度改革を順次実行し、団塊の世代が75歳以上に入る2022 年までに基盤強化を進め、持続可能なものとし、

次世代に継承。　国・地方が連携し、複数地方自治体による広域的な対応を可能とする公共サービスの広域化・共同化を進め、将来の人口構造の変化に対応した 持続可能な地方行財政制度を構築、また、受益者負担や適切な維持管理の観点から、財源対策等について検討する

4.「新たな日常」を支える包摂的な社会の実現
　「新たな日常」を支える社会保障を構築するとともに、困難に直面している女性や若者などへの支援を通じた格差拡大の防止を図り、地域社会やコミュニティ等において高齢者の見守り、人の交流やつながり、助け合いが充実した地域共生社会の構築を進め、誰ひとり取り残されることな い包摂的な社会の実現をしていく。

（1）「新たな日常」に向けた社会保障の構築
（医療・介護分野におけるデータ利活用等の推進）
　感染症の下、介護・障害福祉分野の人手不足に対応するとともに、対面以外の手段をできる限り活用する観点から、生産性向上に重点的に取り組む。ケアプランへのAI活用を推進するとともに、介護ロボット等の導入について、効果検証によるエビデンスを踏まえ、次期介護報酬改定で人員配置の見直しも含め後押しすることを検討する。介護 予防サービス等におけるリモート活用、文書の簡素化・標準化・ICT化の取組を加速させる。医療・介護分野のデータのデジタル化と国際標準化を着実に推進する。

②「新たな日常」に対応した予防・健康づくり、重症化予防の推進
「新たな日常」に対応するため] 予防・重症化予防を多職種連携により一層推進する。

　以上、社会保障制度改革推進法、その後の財政運営と改革の基本方針に示された方向性の中で、特に、2017の基本方針では「医療費・介護費の高齢化を上回る伸びを抑制しつつ※、」と社会保障費用の抑制方針が明確に示され、その財政的制約の中で以後の制度改正、2020（令和2）年の社会福祉法等の改正（施行は令和2年以降）が行われました。

※高齢化・要介護認定率の上昇等により、人口の高齢化伸び率を遥かに上回る費用の上昇があります。それを人口の伸びに抑制することは、公的サービスの抑制を意味します。どのように抑制するか、その手法の一つが「地域共生社会の実現」ともいえます。

※今後、2025年、2040年を睨んだ制度改正が行われると想定されます。その際、毎年度決定される財政運営の基本方針について、留意することが重要と思われます。

※P59「全世代型社会保障制度改革について」参照

4 介護保険法の創設
（平成9年法律第123号、改正令和2年6月12日法律第52号）

1 社会保障構造改革としての制度創設

　1997（平成9）年12月、社会保障構造改革の第一歩として「介護保険法」が成立し、2000（平成12）年4月に施行されました。これに伴い、この制度を支えていくために成年後見制度や消費者契約法等の創設、社会福祉法の改正、その後の高齢者虐待防止法等多くの関係法令の整備が行われることになりました。

　この介護保険法の目的および基本理念を見ていきましょう。

（1）目的

　介護保険法の目的は、第1条において「要介護状態となり、入浴、排せつ、食事等の介護、機能訓練並びに看護及び療養上の管理その他の医療を要する者等」に対して、「尊厳を保持し、その有する能力に応じ自立した日常生活を営むことができるよう」「必要な保健医療サービス及び福祉サービスに係る給付を行うため」に、国民の社会連帯の理念に基づき「介護保険制度を設け」て、「国民の保健医療の向上及び福祉の増進を図ることを目的」とするとされています。ポイントは、以下のようになります。

> **（目的）**
> 第一条　この法律は、加齢に伴って生ずる心身の変化に起因する疾病等により要介護
> 状態となり、入浴、排せつ、食事等の介護、機能訓練並びに看護及び療養上の管理
> その他の医療を要する者等について、これらの者が尊厳を保持し、その有する能力
> に応じ自立した日常生活を営むことができるよう、必要な保健医療サービス及び福
> 祉サービスに係る給付を行うため、国民の共同連帯の理念に基づき介護保険制度を
> 設け、その行う保険給付等に関して必要な事項を定め、もって国民の保健医療の向
> 上及び福祉の増進を図ることを目的とする。

（2）理念等

　同法の理念は法第2条において規定されています。

> **（介護保険）**
> 第二条　介護保険は、被保険者の要介護状態又は要支援状態に関し、必要な保険給付
> を行うものとする。
> 2　前項の保険給付は、要介護状態等の軽減又は悪化の防止に資するよう行われると
> ともに、医療との連携に十分配慮して行われなければならない。
> 3　保険給付は、被保険者の心身の状況、その置かれている環境等に応じて、被保険
> 者の選択に基づき、適切な保健医療サービス及び福祉サービスが、多様な事業者又
> は施設から総合的かつ効率的に提供されるよう配慮して行われなければならない。
> 4　保険給付の内容及び水準は、被保険者が要介護状態となった場合においても、可
> 能な限り、その居宅において、その有する能力に応じ自立した日常生活を営むこと
> ができるように配慮されなければならない

　介護保険の給付は、この理念に基づき提供されることとされています。理念のポイントとして特に強調されていることは、「要介護状態の経験または悪化の防止」「被保険者の選択」、そして「可能な限り、居宅において、能力に応じた私立生活が営める」よう支援する視点が必要であることです。ケアマネジャーは当然として、介護サービスを提供する事業者も留意すべき理念です。

　そして、介護保険法では介護サービスを利用する国民に対しても努力義務を課しています。これは、令和2年の制度改正以降、より強調される場面も増えると思われます。

> **（国民の努力及び義務）**
> 第四条　国民は、自ら要介護状態となることを予防するため、加齢に伴って生ずる心身の変化を自覚して常に健康の保持増進に努めるとともに、要介護状態となった場合においても、進んでリハビリテーションその他の適切な保健医療サービス及び福祉サービスを利用することにより、その有する能力の維持向上に努めるものとする。
> 2　国民は、共同連帯の理念に基づき、介護保険事業に要する費用を公平に負担するものとする。

　また、令和2年の法改正で新たに認知症への対応が施策の重点とされ、国及び地方公共団体の責務として以下の条文が新たに加えられました。

> **（認知症に関する施策の総合的な推進等）**
> 第五条の二　国及び地方公共団体は、認知症に対する国民の関心及び理解を深め、認知症である者への支援が適切に行われるよう、認知症に関する知識の普及及び啓発に努めなければならない。
> 2　略
> 3　国及び地方公共団体は、地域における認知症である者への支援体制を整備すること、認知症である者を現に介護する者の支援並びに認知症である者の支援に係る人材の確保及び資質の向上を図るために必要な措置を講ずることその他の認知症に関する施策を総合的に推進するよう努めなければならない。
> 4　国及び地方公共団体は、前三項の施策の推進に当たっては、認知症である者及びその家族の意向の尊重に配慮するとともに、認知症である者が地域社会において尊厳を保持しつつ他の人々と共生することができるように努めなければならない。

　以上のように介護保険サービスの理念、国民及び国・地方公共団体の責務が法に規定されています。

（3）介護保険事業の運営・サービスの提供の基準等

　具体的なサービス提供の方針は、各サービスごとに定められている「指定〇〇サービス等の人員、設備及び運営に関する基準」としてサービスの種類ごとに厚生労働省令（法令）に規定されています。事業運営に当たっては、理念及び次の「運営基準」に留意して実施することが不可欠です。

◇指定居宅サービス等の事業の人員、設備及び運営に関する基準
（平成11年厚生省令第37号 改正：平成28年2月厚生労働省令第14号）　例

> **（指定居宅サービスの事業の一般原則）**
> 第三条　指定居宅サービス事業者は、利用者の意思及び人格を尊重して、常に利用者の立場に立ったサービスの提供に努めなければならない。
> 2　指定居宅サービス事業者は、指定居宅サービスの事業を運営するに当たっては、地域との結び付きを重視し、市町村、他の居宅サービス事業者その他の保健医療サービス及び福祉サービスを提供する者との連携に努めなければならない。

　さらに、各サービスの種類ごとに、より細かく規定されています。例えば訪問介護の例でみると次のように規定されています。

> 第二章　訪問介護
> 第一節　基本方針
> （基本方針）
> 第四条　指定居宅サービスに該当する訪問介護の事業は、要介護状態となった場合においても、その利用者が可能な限りその居宅において、その有する能力に応じ自立した日常生活を営むことができるよう、入浴、排せつ、食事の介護その他の生活全般にわたる援助を行うものでなければならない。
> 第四節　運営に関する基準
> （内容及び手続の説明及び同意）
> 第八条　指定訪問介護事業者は、指定訪問介護の提供の開始に際し、あらかじめ、利用申込者又はその家族に対し、運営規程の概要、訪問介護員等の勤務の体制その他の利用申込者のサービスの選択に資すると認められる重要事項を記した文書を交付して説明を行い、当該提供の開始について利用申込者の同意を得なければならない。
> （介護等の総合的な提供）
> 第二十九条の二　指定訪問介護事業者は、指定訪問介護の事業の運営に当たっては、入浴、排せつ、食事等の介護又は調理、洗濯、掃除等の家事（以下この条において「介護等」という。）を常に総合的に提供するものとし、介護等のうち特定の援助に偏することがあってはならない。

　この運営基準には、その他事業運営・サービス提供にあたっての詳細な規定があります。

　そして、運営基準に抵触すると、その抵触の度合いにより、指定権者の都道府県あるいは市町村から、指導あるいは指定事業者の取り消し等の処分を受けることになります。

（4）介護保険事業者の指定取消し等　例示

　令和元年度の指定事業者の法人別取り消し件数（一部）及び取り消し等の理由は下記の通りです。

図表1-4●指定取消件数

① 指定居宅サービスの法人種別指定取消件数（令和元年度）

	総数	営利法人	NPO法人	医療法人	社会福祉法人	地方公共団体	その他
訪問介護事業所	19	18	1	—	—	—	—
訪問入浴介護事業所	—	—	—	—	—	—	—
訪問看護事業所	2	2	—	—	—	—	—
訪問リハ事業所	—	—	—	—	—	—	—
居宅療養管理指導事業所	—	—	—	—	—	—	—
通所介護事業所	3	3	—	—	—	—	—
通所リハ事業所	—	—	—	—	—	—	—
短期入所生活介護事業所	—	—	—	—	—	—	—
短期入所療養介護事業所	—	—	—	—	—	—	—
特定施設入居者生活介護事業所	—	—	—	—	—	—	—
福祉用具貸与事業所	2	2	—	—	—	—	—
特定福祉用具販売事業所	2	2	—	—	—	—	—

※令和3年3月9日全国介護保険・高齢者保健福祉担当課長会議総務課介護保険指導室資料　指定居宅サービスに限定すると、単年度では上記の結果です。令和元年殿全サービスの取り消し件数は、78件です。また、改善勧告は378件に上ります。

② 取消し理由（介護保険全サービス）
　ア　人員基準関係　　　　　7件
　イ　設備・運営基準関係　　17件
　ウ　要介護者人格尊重関係　4件
　エ　不正請求関係　　　　　45件
　　オ　虚偽報告等　　　　　24件
　　カ　虚偽答弁等　　　　　9件
　　キ　不正手段による指定　19件
　　ク　法律に基づく命令違反　13件
　　ケ　その他　　　　　　　24件

　上記の理由により単年度で78件の事業者指定の取り消しが行われました。なお、元年度の指導の実施件数は、30万5839件です。その結果の何らかの処分は1559件行われました。

　事業経営にとって、指導等による処分も大きなリスクの一つですから、法令順守は極めて重要になります。

（以上データは、上記総務課介護保険指導室資料から）

5 介護保険法の解釈

1 関係法令の重要性

　1つの法律が制定されるとき、その法律だけでは実務は分からないものです。そこで具体的な実施方法や、その解釈等についての法令や通知等が出されます。実務を行うためには、法律だけではなく、法律に関係する法令や解釈を述べた通知等を把握する必要があります（**図表1-5**）。

　極端に言えば、法律は読まなくても法令・通知を読めば事業の実施はできます。しかしその逆では、事業はできないのです。

図表1-5●政令・省令・告示等の関係法令

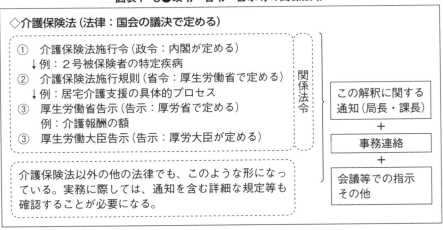

著者作成

　介護保険法を読むと、次のように「政令」「省令」等の言葉が条文に入っています。法律の理解のためには、この政省令を確認します。加えて、この政省令をどのように解釈するかについての通知があります。通知が出ているときは、その解釈によって事業の運営を図らないと、

最悪の場合費用の返還や指定の取消につながります。

介護保険法　第7条　定義
3　この法律において「要介護者」とは、次の各号のいずれかに該当する者をいう。
一　要介護状態にある六十五歳以上の者
二　要介護状態にある四十歳以上六十五歳未満の者であって、その要介護状態の原因
　である身体上又は精神上の障害が加齢に伴って生ずる心身の変化に起因する疾病で
　あって政令で定めるもの※によって生じたものであるもの
※政令　介護保険法施行令（平成10年政令第412号）
（特定疾病）
第二条　法第七条第三項第二号に規定する政令で定める疾病は次のとおりとする。
一がん、二関節リウマチ、三筋萎縮性側索硬化症、四後縦靭帯骨化症、五骨折を伴う
　骨粗鬆症、六初老期における認知症、七進行性核上性麻痺、大脳皮質基底核変性症
　及びパーキンソン病、八脊髄小脳変性症、九脊柱管狭搾症、十早老症、十一多系統
　萎縮症、十二　糖尿病性神経障害、糖尿病性腎症及び糖尿病性網膜症、十三脳血管
　疾患、十四閉塞性動脈硬化症、十五慢性閉塞性肺疾患、十六両側の膝関節又は股関
　節に著しい変形を伴う変形性関節症
介護保険法
第八十一条
2　指定居宅介護支援事業者は、当該指定に係る事業所ごとに、**市町村の条例※で定
める員数**の介護支援専門員を有しなければならない。
※各市町村は、法に基づき自治体の法である「条例」を定め、事業を実施する。
3　市町村が前二項の条例を定めるに当たっては、次に掲げる事項については**厚生労
働省令で定める基準**に従い定めるものとし、その他の事項については厚生労働省令
　で定める基準を参酌するものとする。
一　指定居宅介護支援に従事する従業者に係る基準及び当該従業者の員数
二　指定居宅介護支援の事業の運営に関する事項であって、利用する要介　護者の
　サービスの適切な利用、適切な処遇及び安全の確保並びに秘密の保持等に密接に関
　連するものとして**厚生労働省令**で定めるもの

・介護保険法の実施に当たり、具体的内容は政省令に規定され、また市町村の条例で具
　体的実施等が図られている。

2　訪問介護の具体例

　次に厚生省令において、サービス提供について具体的にどのように
規定されているかをみます。

◇サービスの提供にあたっての留意点等

（指定居宅サービスの事業の一般原則）
第三条　指定居宅サービス事業者は、利用者の意思及び人格を尊重して、常に利用者
　の立場に立ったサービスの提供に努めなければならない

> 2　指定居宅サービス事業者は、指定居宅サービスの事業を運営するに当たっては、地域との結び付きを重視し、市町村、他の居宅サービス事業者その他の保健医療サービス及び福祉サービスを提供する者との連携に努めなければならない。
> 第二章　訪問介護
> 第一節　基本方針
> （基本方針）
> 第四条　指定居宅サービスに該当する訪問介護（以下「指定訪問介護」という。）の事業は、要介護状態となった場合においても、その利用者が可能な限りその居宅において、その有する能力に応じ自立した日常生活を営むことができるよう、入浴、排せつ、食事の介護その他の生活全般にわたる援助を行うものでなければならない。
> （訪問介護員等の員数）
> 第五条　指定訪問介護の事業を行う者が当該事業を行う事業所ごとに置くべき訪問介護員等の員数は、常勤換算方法で、二・五以上とする。

※「指定居宅サービス等の人員、設備及び運営に係る基準」（平成11年厚生省令第37号）から

　以上のように。介護保険法の内容について、より具体的に政令あるいは省令で定めています。これは拘束力のある法令に当たります。

　さらに一般的に、省令等についてのさらに具体的な解釈についての考え方等について、通知等で関係自治体等に連絡をしています

◇解釈通知

> 第一　基準の性格
> 1　基準は、指定居宅サービスの事業がその目的を達成するために必要な最低限度を定めたものであり、指定居宅サービス事業者は、常にその事業の運営の向上に努めなければならないこと。
> 2　指定居宅サービスの事業を行う者が満たすべき基準を満たさない場合には、指定居宅サービスの指定は受けられず、また、運営開始後、基準に違反することが明らかになった場合は、都道府県知事の指導等の対象となり、この指導等に従わない場合には、当該指定を取り消すことができるものであること。
> 3　運営に関する基準に従って事業の運営をすることができなくなったことを理由として指定が取り消された直後に再度当該事業者から当該事業所について指定の申請がなされた場合には、当該事業者が運営に関する基準を遵守することを確保することに特段の注意が必要であり、その改善状況等が確認されない限り指定を行わないものとすること。
> 第三　訪問介護に関する基準
> 1　人員に関する基準
> （1）　訪問介護員等の員数（基準第五条第一項）
> （2）　サービス提供責任者（基準第五条第二項）
> 　　事業の規模に応じて一人以上の者をサービス提供責任者としなければならないこととされたが、その具体的取扱は次のとおりとする。
> （3）　管理者（基準第六条）
> 　　指定訪問介護事業所の管理者は常勤であり、かつ、原則として専ら当該事業所の管理業務に従事するものとする

※「指定居宅サービス等の人員、設備及び運営に係る基準について（平成11年9月17日老企第25号）」から

　加えて、それらの解釈等について、適宜Ｑ＆Ａにより、関係者に情報提供をしています。

> 1 居宅サービス共通
> ・運営・外泊時における居宅サービス
> Q 施設入所（入院）者の外泊時に介護保険の給付対象となる居宅サービスを受けられるか。
> A 外泊時であっても、利用者の生活の本拠は介護保険施設であり、居宅要介護高齢者と認められない（入所（入院）者である）ため、介護保険の給付対象となる居宅サービスを受けることはできない。（自己負担で受けることは可能である。）
> （12.3.31 事務連絡、介護保険最新情報vol.59、介護報酬等に係るＱ＆Ａ）
>
> 2 訪問介護サービス
> ・運営　同居家族の範囲
> Q 非常勤のサービス提供責任者が、指定訪問介護事業所において勤務する時間以外に、他の事業所で勤務することは差し支えないか。
> A 例えば、所定労働時間が40時間と定められている指定訪問介護事業所において、30時間勤務することとされている非常勤の訪問介護員等を、（常勤換算0.75の）サービス提供責任者とする場合、当該30時間については、指定訪問介護事業所の職務に専ら従事する必要があるため、他の事業の職務に従事することはできないが、それ以外の時間について、他の事業（介護保険法における事業に限らない。）の職務に従事することは可能
> （21.4.17 介護保険最新情報vol.79 平成21年4月改定関係Ｑ＆Ａ（vol.2））

　重要なのは、これらで決められた内容に違反・抵触した場合には、場合によって事業者指定の取消し、介護報酬の返還、改善命令等を命ぜられる場合があることです。事業経営者にとって、必要な情報をタイムリーに確保する必要があります。

　このように、法律改正・制度改正等に伴い関係する法令の改正が行われ、その解釈に関する通知や介護、最近では「介護保険最新情報」等により、保険者や事業者に指示や情報提供がなされています。

　また、国の制度改正をうけ、保険者は条例等でより具体的な方向が示されます。

　関係法令の構成のイメージは、次ページの**図１−６**のとおりです。なお。これに保険者が定めた条例で、具体的内容を確認し、条例に沿って事業を行う必要があります。

図表1-6●法令の構成概要

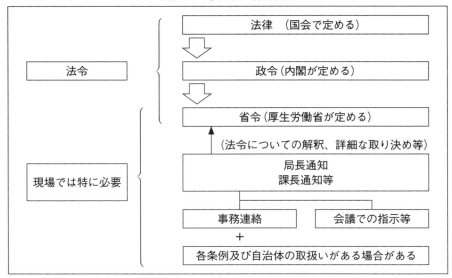

著者作成

保険者の定める条例

　法法令そして関連通知の関連概要はおおむね上図のとおりです。国の法令等を踏まえて、各市町村が条例を定め、それにより介護保険事業は行われます。

　実際の事業の運営において、保険者により取り扱いが異なる場合もあります。保険者を超えて事業を行う場合、仕事の実施のために、取り扱いにはより配意する必要があります。

問題1 下記の選択肢①～⑤のうち、憲法の規定として正しいものを選びなさい。

［選択肢］

①福祉サービスは、利用者が心身共に健やかに育成されるとともに、能力に応じ自立した日常生活が営めるよう支援すること。

②すべて国民は健康で文化的な最低限度の生活を営む権利を有する。

③この法律により保障される最低限度の生活は、健康で文化的な生活水準を維持することができるものでなければならない。

④国民は共同連帯の理念に基づき、介護保険事業に要する費用を公平に負担するものとする。

⑤すべて国民は、個人として尊重される。生命、自由及び幸福を追求する権利については、公共の福祉に反しない限り、立法その他の国政の上で、最大の尊重を必要とする。

問題2 下記の選択肢①～⑤は、それぞれ法令と通知（法令の構成）について述べたものです。正しいものを選びなさい。

［選択肢］

①都道府県や市町村が作る法律のことを条例という。

②法律は国会で定めるが、そのより具体的な内容を記した政令および省令は国会での議決は必要としない。

③法令の内容について、その内容をより具体的に記述したものとして通知がある（すべてではない）。

④実務を行うに際しては、法令を理解していれば、通知を理解する必要は特にはない。

⑤通知は、法令の範疇には含まれない。

問題 3　下記の選択肢①～⑤のうち、社会福祉サービスの提供の原則として、正しいものを選びなさい。

［選択肢］

①サービスの提供に当たっては、個人の尊厳の保持を旨とすること。

②サービスの提供に当たっては、家族の意思を最大限優先して行うべきであること。

③福祉サービスは、利用者が心身共に健やかに育成されるよう配慮すべきものであること。

④福祉サービスは、その有する能力に応じ自立した日常生活を営むことができるよう支援するものであること。

⑤福祉サービスは良質かつ適切なものでなければならないものであること。

問題 4　下記の選択肢①～⑤のうち、社会保障制度の改革について、誤っているものを選びなさい。

［選択肢］

①社会保障の構造改革は、社会保険、公的扶助、社会福祉および公衆衛生という戦後の日本の社会保障制度の枠組みの再編成をめざしたものである。

②社会保障の構造改革は、老人福祉の財源構成では、税10割から、社会保険料と税のミックスおよび利用者負担原則1割と財源構成を変更するものでもあった。

③社会保障の構造改革は、介護保険制度の創設に当たっては、医療保険や老人保健との一部統合等、制度の再編成をめざすものであった。

④介護保険制度では、それまでの措置制度という社会保険料を財源とする仕組みとして行われてきたサービスを、税を財源とする契約制度へと転換させた。

⑤介護保険制度では、それまでの福祉サービスの提供主体が、原則として市町村または市町村から委託を受けた社会福祉法人であったものを、民間営利企業やNPO法人に大きく門戸を開放した。

確認問題

解答　解説

解答1 ②（25条）、⑤（13条）

解説1 ①は社会福祉法３条の規定、③は生活保護法３条の規定、④は介護保険法４条２項の規定で×。

　　　憲法で国民に「健康で文化的な最低限度の生活を営む権利」、「幸せを追求する権利」が保障されています。しかし、その具体化は、憲法から直接導き出されるのではなく、生活保護法等の具体的な個々の法律があって実現されると解釈されています。

解答2 ①、②、③、⑤

解説2 ④法律→政令→省令→局長通知→課長通知→事務連絡等と、段々と具体的かつ詳細になっていきます。実務を行うには、具体的取り扱いを決めた通知に目を通しておく必要があります。

解答3 ①、③、④、⑤

解説3 ②を除いては社会福祉法第３条「福祉サービスの基本理念」の中からの引用。②はサービスの利用者ではなく、家族の意思が最優先となっているので誤りです。福祉サービスは、基本的に利用者に対して提供されるべきものです。なお、福祉サービス提供の原則は、運営主体（社会福祉法人、営利法人、NPO法人等）の如何を問わず適用されます。

解答 4 ④

解説 4　措置制度は税を財源として、利用者負担は負担能力に応じた支払いとなっていました。①、②、③、⑤は正しい。

　　介護保険制度を契機とした社会保障構造改革は、戦後の社会保障の枠組みを大きく転換させることを狙ったものです。税を財源とした高齢者サービスについて、新たな財源として社会保険料による仕組みに転換し、サービスの提供主体を行政から民間営利企業を含む私法人に解放、利用者の負担を原則１割とするとともに、誰でも必要な人はサービスが利用できるようにしました。さらには隣接する医療、保健との制度の再編成や統合等、ドラスティックな展開となっていて、現在も時代のニーズに即した法や制度を整備しつつ、進行中です。

第2章

事業の構築

© Kasiutek - Fotolia.com

社会福祉施設の整備

1 社会福祉施設の整備（図表2-1）

図表2-1●社会福祉施設の整備

社会福祉施設の整備（介護老人福祉施設の例）

サービスの種類により異なる

開発が必要なときは、都市計画法の開発許可

老人福祉法の特別養護老人ホームの建物・設備基準

文化財保護法

所管庁への整備費補助協議

建築基準法の建物基準による建築許可・確認等

消防法の基準

防火・防災管理

社会福祉施設
（入所系・通所系施設）

バリアフリー法

下水道法
水道法

道路法
駐車場法

水質汚濁防止法

廃棄物の処理及び清掃に関する法律

省エネルギー法

その他

社会福祉法制

著者作成

2 建物の整備

1 建物の整備（図表2-2）

（1）設計から施設開設まで

図表2-2●設計から施設開設までの流れ

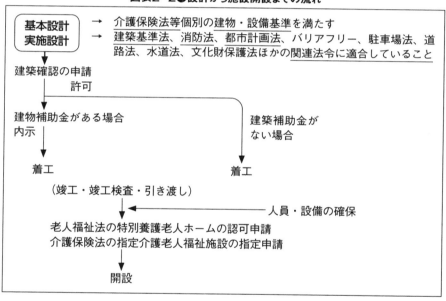

著者作成

（2）主な建物整備の法令に定められている基準

①老人福祉法、介護保険法による特別養護老人ホーム（指定介護老人福祉施設）の建物整備等

　配置人員、建物・設備及び運営の基準につてはそれぞれの施設ごとに法令で定められています。老人福祉法、身体（知的）障害者福祉法等に定めている施設については、当該法律の認可等を受けたのちに、介護保険法の指定を受ける必要があります。元の法律がなく、介護保

険法にしか規定がない、例えば老人福祉施設については、介護保険法の認可を受けることになります。改めての指定は不要です。ここでは、介護老人福祉施設について見てみます。

　介護老人福祉施設の建物等を整備するためには、次の法律に定められている要件を満たす必要があります。具体的には、各々の法律について、施設について次のように定義されています。

○法律による定義

○**老人福祉法**（昭和38年法律第133号）
（定義）第五条の二
第五条の三　この法律において、「老人福祉施設」とは、老人デイサービスセンター、老人短期入所施設、養護老人ホーム、特別養護老人ホーム、軽費老人ホーム、老人福祉センター及び老人介護支援センターをいう。
　（特別養護老人ホーム）
第二十条の五　特別養護老人ホームは、第十一条第一項第二号の措置に係る者又は介護保険法の規定による地域密着型介護老人福祉施設入所者生活介護に係る地域密着型介護サービス費若しくは介護福祉施設サービスに係る施設介護サービス費の支給に係る者その他の政令で定める者を入所させ、養護することを目的とする施設とする。
○**介護保険法**（平成9年法律第123）
第八条　定義
27　この法律において「介護老人福祉施設」とは、老人福祉法第二十条の五に規定する特別養護老人ホーム（入所定員が三十人以上であるものに限る。以下この項において同じ。）であって、当該特別養護老人ホームに入所する要介護者に対し、施設サービス計画に基づいて、入浴、排せつ、食事等の介護その他の日常生活上の世話、機能訓練、健康管理及び療養上の世話を行うことを目的とする施設をいい、「介護福祉施設サービス」とは、介護老人福祉施設に入所する要介護者に対し、施設サービス計画に基づいて行われる入浴、排せつ、食事等の介護その他の日常生活上の世話、機能訓練、健康管理及び療養上の世話をいう。

　それぞれの法律の規定を受けて、省令でより具体的に内容が示されます。具体的に見てみると各々の省令にそれぞれ規定されています。

○特別養護老人ホームの設備及び運営に関する基準（平11.3.31厚令46）

◇**設備基準**（抄）
（構造設備の一般原則）
第三条　特別養護老人ホームの配置、構造及び設備は、日照、採光、換気等の入所者の保健衛生に関する事項及び防災について十分考慮されたものでなければならない。
　（設備の基準）
第十一条　特別養護老人ホームの建物は、耐火建築物でなければならない。ただし、次の各号のいずれかの要件を満たす二階建て又は平屋建ての特別養護老人ホームの建物にあっては、準耐火建築物とすることができる。

一　居室その他の入所者の日常生活に充てられる場所を二階及び地階のいずれにも設けていないこと。

二　居室等を二階又は地階に設けている場合であって、次に掲げる要件の全てを満たすこと。

イ　当該特別養護老人ホームの所在地を管轄する消防長（消防本部を置かない市町村にあっては、市町村長。以下同じ。）又は消防署長と相談の上、第八条第一項に規定する計画に入所者の円滑かつ迅速な避難を確保するために必要な事項を定めること。

ロ　第八条第二項に規定する訓練については、同条第一項に規定する計画に従い、昼間及び夜間において行うこと

ハ　火災時における避難、消火等の協力を得ることができるよう、地域住民等との連携体制を整備すること。

2　前項の規定にかかわらず、都道府県知事が、火災予防、消火活動等に関し専門的知識を有する者の意見を聴いて、次の各号のいずれかの要件を満たす木造かつ平屋建ての特別養護老人ホームの建物であって、火災に係る入所者の安全性が確保されていると認めたときは、耐火建築物又は準耐火建築物とすることを要しない。

一　スプリンクラー設備の設置、天井等の内装材等への難燃性の材料の使用、調理室等火災が発生するおそれがある箇所における防火区画の設置等により、初期消火及び延焼の抑制に配慮した構造であること。

二　非常警報設備の設置等による火災の早期発見及び通報の体制が整備されており、円滑な消火活動が可能なものであること

三　避難口の増設、搬送を容易に行うために十分な幅員を有する避難路の確保等により、円滑な避難が可能な構造であり、かつ、避難訓練を頻繁に実施すること、配置人員を増員すること等により、火災の際の円滑な避難が可能なものであること。

3　特別養護老人ホームには、次の各号に掲げる設備を設けなければならない。ただし、他の社会福祉施設等の設備を利用することにより当該特別養護老人ホームの効果的な運営を期待することができる場合であって、入所者の処遇に支障がないときは、次の各号に掲げる設備の一部を設けないことができる。

一　居室

二　静養室（居室で静養することが一時的に困難な心身の状況にある入所者を静養させることを目的とする設備をいう。以下同じ。

三　食堂

四　浴室

五　洗面設備

六　便所

七　医務室

八　調理室

九　介護職員室

十　看護職員室

十一　機能訓練室

十二　面談室

十三　洗濯室又は洗濯場

十四　汚物処理室

十五　介護材料室

十六　前各号に掲げるもののほか、事務室その他の運営上必要な設備

4　前項各号に掲げる設備の基準は、次のとおりとする。

一　居室

イ　一の居室の定員は、一人とすること。ただし、入所者へのサービスの提供上必要と認められる場合は、二人とすることができる。

ロ　地階に設けてはならないこと

ハ　入所者一人当たりの床面積は、十・六五平方メートル以上とすること。
ニ　寝台又はこれに代わる設備を備えること。
ホ　一以上の出入口は、避難上有効な空地、廊下又は広間に直接面して設けること。
ヘ　床面積の十四分の一以上に相当する面積を直接外気に面して開放できるようにすること。
ト　入所者の身の回り品を保管することができる設備を備えること。
チ　ブザー又はこれに代わる設備を設けること。
二　静養室
イ　介護職員室又は看護職員室に近接して設けること。
ロ　イに定めるもののほか、前号ロ及びニからチまでに定めるところによること。
　　以下略

　まず、これらの要件を満たす建物・設備そして人員配置を行い、都道府県知事の認可を受ける必要があります。その整備された建物は、介護保険の省令である人員、設備及び運営に関する基準を満たすものである必要があります。実際の作業は同時並行で行われることも多いかと思われますが、そこには老人福祉法関連省令には記載のなかったより具体的な内容が示されています。

○指定介護老人福祉施設の人員、設備及び運営に関する基準（平11.3.31 厚令39）

第三章　設備に関する基準
（設備）
第三条　指定介護老人福祉施設の設備の基準は、次のとおりとする
一　居室
イ　一の居室の定員は、一人とすること。ただし、入所者への指定介護福祉施設サービスの提供上必要と認められる場合は、二人とすることができる
ロ　入所者一人当たりの床面積は、十・六五平方メートル以上とすること。
ハ　ブザー又はこれに代わる設備を設けること
二　静養室介護職員室又は看護職員室に近接して設けること。
三　浴室要介護者が入浴するのに適したものとすること。
四　洗面設備
イ　居室のある階ごとに設けること。
ロ　要介護者が使用するのに適したものとすること。
五　便所
イ　居室のある階ごとに居室に近接して設けること。
ロ　ブザー又はこれに代わる設備を設けるとともに、要介護者が使用するのに適したものとすること。
六　医務室
イ　医療法第一条の五第二項に規定する診療所とすること。
ロ　入所者を診療するために必要な医薬品及び医療機器を備えるほか、必要に応じて臨床検査設備を設けること。

```
七　食堂及び機能訓練室
イ　それぞれ必要な広さを有するものとし、その合計した面積は、三平方メートルに
　　入所定員を乗じて得た面積以上とすること。ただし、食事の提供又は機能訓練を行
　　う場合において、当該食事の提供又は機能訓練に支障がない広さを確保することが
　　できるときは、同一の場所とすることができる。
ロ　必要な備品を備えること。
八　廊下幅一・八メートル以上とすること。ただし、中廊下の幅は、二・七メートル
　　以上とすること。
九　消火設備その他の非常災害に際して必要な設備を設けること。
2　前項各号に掲げる設備は、専ら当該指定介護老人福祉施設の用に供するものでな
　　ければならない。ただし、入所者の処遇に支障がない場合は、この限りでない。
```

　そして、この基準の考え方については、法令ではない、課長通知や会議等でより具体的に示されるか、あるいは注意喚起が行われます。

○「指定介護老人福祉施設の人員、設備及び運営に関する基準について（平成12年3月
　17日）（老企第四三号）

```
第三　設備に関する基準（基準省令第三条）
　1　便所等の面積又は数の定めのない設備については、それぞれの設備の持つ機能
　　を十分に発揮し得る適当な広さ又は数を確保するよう配慮するものとする。
　2　指定介護老人福祉施設における廊下の幅は、入所者の身体的、精神的特性及び
　　非常災害時における迅速な避難、救出の確保を考慮して定められたものである。
　　なお、「中廊下」とは、廊下の両側に居室、静養室等入所者の日常生活に直接使
　　用する設備のある廊下をいう。
　3　「消火設備その他の非常災害に際して必要な設備」とは、消防法（昭和二十三年
　　法律第百八十六号）その他の法令等に規定された設備を示しており、それらの
　　設備を確実に設置しなければならないものである。　以下略
```

　さらに、疑問にこたえる形で厚労省は「Q＆A」を出しています。

○指定介護老人福祉関連　Q＆A　例示

```
○施設サービス共通
・その他
Q　要介護者等以外の自費負担によるサービス利用
　　要介護者又は要支援者（以下「要介護者等」という。）以外の者が介護保険サービス
　　を全額自己負担することによって利用することが可能か。（施設サービスの場合）
A　介護保険施設については、介護保険法上、要介護者に対してサービスを提供する
　　ことを目的とする施設とされており、同施設に対し要介護者以外の者を全額自己
　　負担により入院・入所させることについては、施設の目的外の利用となるもので
　　あり認められない。
（12.1.21 事務連絡 要介護者等以外の自費負担によるサービスの利用）
```

○指定介護老人福祉施設
・運営
・やむを得ない措置等による定員超過
A　やむを得ない措置等による定員の超過の取扱いについて特別養護老人ホームにおける定員の超過について
Q　特別養護老人ホームにおける定員の超過については、
①市町村による措置入所及び
②入院者の当初の予定より早期の再入所の場合は入所定員の5％（入所定員が40人を超える場合は2人を上限）までは減算されない。また、
③緊急その他の事情により併設の短期入所生活介護事業所の空床を利用する場合は入所定員の5％までは減算されない。
　例えば、入所定員80人の特別養護老人ホームについては、①及び②の場合に本体施設における2人までの定員超過の入所、③の場合に併設事業所の空床を利用した4人までの定員超過について減算されないため、本体施設と併設事業所を合算して最大6人（＝2＋4）までの定員超過について減算されない。
こうした取扱いは、あくまでも一時的かつ特例的なものであることから、速やかに定員超過利用を解消する必要がある。
（15.6.30　事務連絡　介護保険最新情報vol.153　介護報酬に係るQ&A（vol.2）

（3）その他の主な関連法規

　ここでは、その他の主な関連法規として、建築基準法、消防法、都市計画法、少し視点の異なったところで文化財保護法について簡単に触れます。

◆建築基準法（昭和25年法律第201号）の基準

第二章　建築物の敷地・構造及び建築設備
・敷地の衛生及び安全（法第十九条）
・構造耐力（法第二十条）
・大規模建築物の主要構造部等（法第二十一条）
・屋根（法第二十二条）
・防火壁等（法第二十六条）
　略

◆消防法（昭和23年法律第186号）による基準

第一条　この法律は、火災を予防し、警戒し及び鎮圧し、国民の生命、身体及び財産を火災から保護するとともに、火災又は地震等の災害による被害を軽減するほか、災害等による傷病者の搬送を適切に行い、もつて安寧秩序を保持し、社会公共の福祉の増進に資することを目的とする。
第八条の二の四　学校、病院、工場、事業場、興行場、百貨店、旅館、飲食店、地下街、複合用途防火対象物その他の防火対象物で政令で定めるものの管理について権原を有する者は、当該防火対象物の廊下、階段、避難口その他の避難上必要な施設について避難の支障になる物件が放置され、又はみだりに存置されないように管理し、かつ、防火戸についてその閉鎖の支障になる物件が放置され、又はみだりに存置されないように管理しなければならない。

第八条の二の五　第八条第一項の防火対象物のうち多数の者が出入するものであり、かつ、大規模なものとして政令で定めるものの管理について権原を有する者は、政令で定めるところにより、当該防火対象物に自衛消防組織を置かなければならない。

参考

都市計画法（昭和43年法律第100号）

（都市計画区域）

第五条　都道府県は、市又は人口、就業者数その他の事項が政令で定める要件に該当する町村の中心の市街地を含み、かつ、自然的及び社会的条件並びに人口、土地利用、交通量その他国土交通省令で定める事項に関する現況及び推移を勘案して、一体の都市として総合的に整備し、開発し、及び保全する必要がある区域を都市計画区域として指定するものとする。この場合において、必要があるときは、当該市町村の区域外にわたり、都市計画区域を指定することができる。

（準都市計画区域）

第五条の二　都道府県は、都市計画区域外の区域のうち、相当数の建築物その他の工作物（以下「建築物等」という。）の建築若しくは建設又はこれらの敷地の造成が現に行われ、又は行われると見込まれる区域を含み、かつ、自然的及び社会的条件並びに農業振興地域の整備に関する法律（昭和四十四年法律第五十八号）その他の法令による土地利用の規制の状況その他国土交通省令で定める事項に関する現況及び推移を勘案して、そのまま土地利用を整序し、又は環境を保全するための措置を講ずることなく放置すれば、将来における一体の都市としての整備、開発及び保全に支障が生じるおそれがあると認められる一定の区域を、準都市計画区域として指定することができる。

（開発行為の許可）

第二十九条　都市計画区域又は準都市計画区域内において開発行為をしようとする者は、あらかじめ、国土交通省令で定めるところにより、都道府県知事の許可を受けなければならない。ただし、次に掲

げる開発行為については、この限りでない。略

◆文化財保護法（昭和25年法律第214号）

（伝統的建造物群保存地区）

第百四十二条　この章において「伝統的建造物群保存地区」とは、伝統的建造物群及びこれと一体をなしてその価値を形成している環境を保存するため、次条第一項又は第二項の定めるところにより市町村が定める地区をいう。

（伝統的建造物群保存地区の決定及びその保護）

第百四十三条　市町村は、都市計画法第五条又は第五条の二の規定により指定された都市計画区域又は準都市計画区域内においては、都市計画に伝統的建造物群保存地区を定めることができる。この場合においては、市町村は、条例で、当該地区の保存のため、政令の定める基準に従い必要な現状変更の規制について定めるほか、その保存のため必要な措置を定めるものとする。

2　市町村は、前項の都市計画区域又は準都市計画区域以外の区域においては、条例の定めるところにより、伝統的建造物群保存地区を定めることができる。この場合においては、前項後段の規定を準用する。

3　市町村は、伝統的建造物群保存地区に関し、地区の決定若しくはその取消し又は条例の制定若しくはその改廃を行った場合は、文化庁長官に対し、その旨を報告しなければならない。

4　文化庁長官又は都道府県の教育委員会は、市町村に対し、伝統的建造物群保存地区の保存に関し、必要な指導又は助言をすることができる。

　以上、簡単に例示しましたが、指定介護老人福祉施設（特別養護老人ホーム）の事業を開始・運営するためには、先にふれたような法令の要件、その要件が示している背景等を十分理解して行う必要があります。

3 消防法による防火管理等
昭和43年法律第100号　令和2年法律第43号による改正

1 災害の防止

　社会福祉施設で火災や感染等の問題が発生すると、多くの利用者・家族や職員が犠牲になるリスクがあるほか、地域に開かれた施設としての当該にも影響が出ます。従ってそのリスクの防止に万全を尽くす必要があります。消防法の遵守もその一つです。火災等災害時への対応として、防火管理者の配置、消防計画の策定、避難訓練等の実施が施設に義務付けられています。

（1）防火管理者の業務（法8条第1項）

　防火管理者について、次のように規定されています。

> 第八条　学校、病院、工場、事業場、興行場、百貨店、複合用途防火対象物その他多数の者が出入し、勤務し、又は居住する防火対象物で政令で定めるものの管理について権原を有する者は、政令で定める資格を有する者のうちから**防火管理者**を定め、政令で定めるところにより、当該防火対象物について<u>消防計画</u>の作成、当該消防計画に基づく<u>消火、通報及び避難の訓練</u>の実施、消防の用に供する<u>設備</u>、消防用水又は消火活動上必要な施設の点検及び整備、<u>火気の使用又は取扱いに関する監督</u>、避難又は防火上必要な構造及び設備の維持管理並びに<u>収容人員の管理</u>その他<u>防火管理上必要な業務</u>を行わせなければならない。

　防火管理者の業務、その内容については、法律にあるように政令等で詳細が示されています。具体的には以下のとおりです。

（2）（防火管理者の責務）

　第三条の二　防火管理者は、総務省令で定めるところにより、当該防火対象物についての防火管理に係る消防計画を作成し、所轄消防長

又は消防署長に届け出なければならない。

第三条　防火管理者は、令第三条の二第一項の規定により、防火対象物の位置、構造及び設備の状況並びにその使用状況に応じ、次の各号に掲げる区分に従い、おおむね次の各号に掲げる事項について、当該防火対象物の管理について権原を有する者の指示を受けて防火管理に係る消防計画を作成し、別記様式第一号の二の届出書によりその旨を所轄消防長（消防本部を置かない市町村においては、市町村長。以下同じ。）又は消防署長に届け出なければならない。防火管理に係る消防計画を変更するときも、同様とする。
一　令第一条の二第三項第一号に掲げる防火対象物及び同項第二号に掲げる防火対象物（仮使用認定を受けたもの又はその部分に限る。）
イ　自衛消防の組織に関すること。
ロ　防火対象物についての火災予防上の自主検査に関すること。
ハ　消防用設備等又は法第十七条第三項に規定する特殊消防用設備等（以下「特殊消防用設備等」という。）の点検及び整備に関すること。
ニ　避難通路、避難口、安全区画、防煙区画その他の避難施設の維持管理及びその案内に関すること。
ホ　防火壁、内装その他の防火上の構造の維持管理に関すること。
ヘ　定員の遵守その他収容人員の適正化に関すること。
ト　防火管理上必要な教育に関すること。
チ　消火、通報及び避難の訓練その他防火管理上必要な訓練の定期的な実施に関すること。
リ　火災、地震その他の災害が発生した場合における消火活動、通報連絡及び避難誘導に関すること。
ヌ　防火管理についての消防機関との連絡に関すること。
ル　増築、改築、移転、修繕又は模様替えの工事中の防火対象物における防火管理者又はその補助者の立会いその他火気の使用又は取扱いの監督に関すること。
ヲ　イからルまでに掲げるもののほか、防火対象物における防火管理に関し必要な事項
二　令第一条の二第三項第二号に掲げる防火対象物（仮使用認定を受けたもの又はその部分を除く。）及び同項第三号に掲げる防火対象物
イ　消火器等の点検及び整備に関すること。
ロ　避難経路の維持管理及びその案内に関すること。
ハ　火気の使用又は取扱いの監督に関すること。
ニ　工事中に使用する危険物等の管理に関すること。
ホ　前号イ及びトからヌまでに掲げる事項
ヘ　イからホまでに掲げるもののほか、防火対象物における防火管理に関し必要な事項

（3）消防計画／厚生省令（消防法施行規則　第4条）

第四条　統括防火管理者は、防火対象物の位置、構造及び設備の状況並びにその使用状況に応じ、次の各号に掲げる事項について消防計画を作成し、所轄消防長又は消防署長に届け出なければならない。

一　防火対象物の管理について権原を有する者の当該権原の範囲に関すること。

二　防火対象物の全体についての防火管理上必要な業務の一部が当該防火対象物の関係者及び関係者に雇用されている者以外の者に委託されている防火対象物にあつては、当該防火対象物の全体についての防火管理上必要な業務の受託者の氏名及び住所並びに当該受託者の行う防火対象物の全体についての防火管理上必要な業務の範囲及び方法に関すること。

三　防火対象物の全体の消防計画に基づく消火、通報及び避難の訓練その他防火対象物の全体についての防火管理上必要な訓練の定期的な実施に関すること。

四　廊下、階段、避難口、安全区画、防煙区画その他の避難施設の維持管理及びその案内に関すること。

五　火災、地震その他の災害が発生した場合における消火活動、通報連絡及び避難誘導に関すること。

六　火災の際の消防隊に対する当該防火対象物の構造その他必要な情報の提供及び消防隊の誘導に関すること。

七　前各号に掲げるものの他、防火対象物の全体についての防火管理に関し必要な事項

参考
防火管理者の業務／政令（消防法施行令4条）昭和36年政令第37号

第四条の二　**統括防火管理者**は、総務省令で定めるところにより、当該防火対象物の全体についての防火管理に係る消防計画を作成し、所轄消防長又は消防署長に届け出なければならない。

2　**統括防火管理者**は、前項の消防計画に基づいて、消火、通報及び避難の訓練の実施、当該防火対象物の廊下、階段、避難口その他の避難上必要な施設の管理その他当該防火対象物の全体についての防火管理上必要な業務を行わなければならない。

3　**統括防火管理者**は、防火対象物の全体についての防火管理上必要な業務を行うときは、必要に応じて当該防火対象物の管理について権原を有する者の指示を求め、誠実にその職務を遂行しなければならない。

4 職員（人材）の確保・育成

1 職員の確保と育成（図表2-3）

図表2-3●職員（人材）の確保・育成の構図

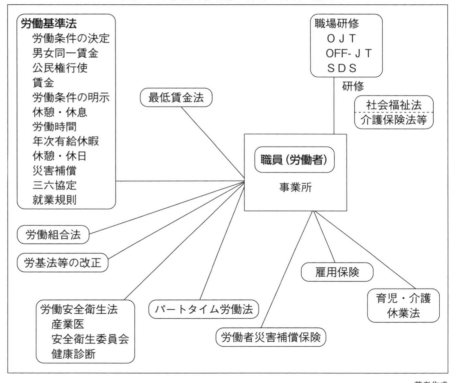

労働基準法
　労働条件の決定
　男女同一賃金
　公民権行使
　賃金
　労働条件の明示
　休憩・休息
　労働時間
　年次有給休暇
　休憩・休日
　災害補償
　三六協定
　就業規則

最低賃金法

職場研修
　OJT
　OFF-JT
　SDS
　研修
社会福祉法
介護保険法等

職員（労働者）
事業所

労働組合法

労基法等の改正

労働安全衛生法
　産業医
　安全衛生委員会
　健康診断

パートタイム労働法

労働者災害補償保険

雇用保険

育児・介護
休業法

著者作成

労働基準法

第１章（総則）

第１条（労働条件の原則）　労働条件は、労働者が人たるに値する生活を営むための必要を充たすべきものでなければならない。

2　この法律で定める労働条件の基準は最低のものであるから、労働関係の当事者は、この基準を理由として労働条件を低下させてはならないことはもとより、その向上を図るように努めなければならない。

第２条（労働条件の決定）　労働条件は、労働者と使用者が、対等の立場において決定すべきものである。

2　労働者及び使用者は、労働協約、就業規則及び労働契約を遵守し、誠実に各々その義務を履行しなければならない。

第３条（均等待遇）使用者は、労働者の国籍、信条又は社会的身分を理由として、賃金、労働時間その他の労働条件について、差別的取扱をしてはならない。

第４条（男女同一賃金の原則）　使用者は、労働者が女性であることを理由として、賃金について、男性と差別的取扱いをしてはならない。

2 職員の資格（介護保険・老人福祉関係の例示）

　従事者の資格については、それぞれの福祉法ごとに定められています。介護関係については以下の通りです。

図表2-4●サービスごとの従事者の資格

	職種	大まかな内容（省略があるので確認のこと）
訪問介護	管理者	管理者は訪問介護員等である必要はない
	サービス提供責任者	①介護福祉士 ②実務研修修了者 ③介護職員基礎研修過程又は訪問介護員１級課程修了者
	訪問介護員	①・②・③＋訪問介護員２級、初任者研修修了者

	職種	大まかな内容（省略があるので確認のこと）
通所介護	管理者	──
	生活相談員	特別養護老人ホームの設備及び運営に関する基準（平11.3.31老企46号）第５条２項に定める生活相談員に準ずる
	機能訓練指導員	日常生活を営むのに必要な機能の減退を防止するための訓練を行う能力を有する者、能力を有する者とは、PT、OT、ST、看護職員、柔道整復師又はあん摩マッサージ指圧師の資格を有する者

	職種	大まかな内容（省略があるので確認のこと）
指定介護老人福祉施設	施設長	社会福祉法第19条第1項の各号のいずれかに該当する者若しくは社会福祉事業に二年以上従事した者又はこれらと同等以上の能力を有する（※）と認められる者 ※同等以上の能力を有する者：社会福祉施設等に勤務し又は勤務したことのある者等であって、その者の実績等から一般的に施設長にあっては特別養護老人ホームを適切に管理運営する能力を有すると認められる者、生活相談員にあっては入所者の生活の向上を図るため適切な相談、援助等を行う能力を有すると認められる者をいう（特別養護老人ホームの設備及び運営に関する基準について／平12.3.17老発第214号第1－4－（1））。
指定介護老人福祉施設	生活相談員	・特別養護老人ホームの設備及び運営に関する基準第5条2項によること ・社会福祉法19条第1項の各号のいずれかに該当する者又はこれらと同等以上の能力を有する*と認められる者 *上記施設長の項目参照。
	介護職員・調理員	資格の定めはないが、それぞれの職務を遂行する熱意と能力を有する者を充てること
	機能訓練指導員	日常生活を営むのに必要な機能を改善し、又はその減退を防止するための訓練を行う能力を有する*と認められる者 ※OT、PT、ST、看護職員、柔道整復師又はあん摩マッサージ指圧師、一定の実務経験を有するはり師、きゅう師の資格を有する者とする。ただし、入所者の日常生活やレクリエーション、行事等を通じて行う機能訓練指導については、当該施設の生活相談員又は介護職員が兼務しても差し支えない（指定介護老人福祉施設の人員、設備及び運営に関する基準／平12.3.17老企43）。

	職種	資格要件及び業務
福祉用具販売・貸与	福祉用具専門相談員	介護保険法施行令第四条 （資格要件） 一保健師、二看護師、三准看護師、四理学療法士、五作業療法士六社会福祉士、七介護福祉士、八義肢装具士、九厚生労働省令で定める福祉用具専門相談員講習修了者 （業務） （福祉用具の）貸与又は販売は、居宅要介護者又は居宅要支援者等が福祉用具を選定するに当たり、福祉用具専門相談員から、福祉用具に関する専門的知識に基づく助言を受けて行われる貸与又は販売とする。

著者作成

　有資格職員の確保は前提ですが、さらに「事業所の目的・理念」に沿い、かつ法令を遵守してサービスが適切に行える職員の確保・養成が重要となります。

　知識・技術の蓄積や多様な情報の共有は、ある程度の経験が必要です。人事配置の問題もありますが、それ以前に事業所により離職率に相当の差が生じています。

　職員が定着する事業所経営を目指すことも重要です。

3 事業者に対する労働法規の遵守の徹底

　厚生労働省は、事業者による労働関係法の遵守の徹底と、労働法規違反を含めた事業所指定に関する欠格事由などを示しました。また、事業者指定の更新は6年ごととされています。

労働基準法第1条関係

（労働条件の原則）
第一条　労働条件は、労働者が人たるに値する生活を営むための必要を充たすべきものでなければならない。
②この法律で定める労働条件の基準は最低のものであるから、労働関係の当事者は、この基準を理由として労働条件を低下させてはならないことはもとより、その向上を図るように努めなければならない。

○指定を行わない事由（欠格事由等）

---

①申請者が都道府県の条例で定めるものでない者
②事業所が人員基準を満たしていない
③設備・運営基準に従って適正に運営することができないと認められる
④申請者が、禁錮以上の刑を受け、その執行が未終又は今後執行見込みがある
⑤-1介護保険法その他国民の保健医療・福祉関係法により罰金刑を受け、その執行が終わっていないか、今後執行を受けることがある
⑤-2労働関係法の規定による罰金刑の執行が終わっていないか、今後執行を受けることがある
⑥指定の申請日の前日までに、社会保険料・労働保険料等の滞納処分を受け、かつ、該当処分を受けた日から正当な理由なく3月以上の期間にわたり、当該処分を受けた日以降に納期限の到来した社会保険料・労働保険料等の全てを引き続き滞納している
⑦（a）指定取消し事由該当等による指定取消から5年が経過していない等
⑧法人である申請者と密接な関係を有する者（申請者の親会社等）が指定等を取り消され、その取消日から5年が経過していない
⑨その他

---

4 事業者指定の更新

　平成17年の法改正により、指定事業者の基準適合状況を定期的に確認するため、指定更 新制度が導入されました。事業者指定の有効期間は6年とし、指定事業者は、指定日（及び前 回更新日）から6年を経過する際に指定の更新を受けなければなりません。

○参考　労基法関係欠格条項

【労働基準法関係】
①強制労働の禁止（第5条）
②中間搾取の排除（第6条）
③賠償を予定する契約の禁止（第16条）
④前借金相殺の禁止（第17条）
⑤貯金の契約等の禁止（第18条第1項、第7項）
⑥死亡時等に権利者の請求があった場合の金品の返還（第23条）
⑦賃金の支払い方法（第24条）
⑧労働者の非常時における既往の労働に対する賃金の支払い（第25条）
⑨休業手当の支払い（第26条）
⑩出来高払制の労働者への賃金保障（第27条）
⑪時間外、休日及び深夜の割増賃金の支払い（第37条）
⑫最低年齢（第56条）
【最低賃金法】
・最低賃金額以上の賃金の支払い（法4条第1項）
【賃金の支払いの確保等に関する法律】
・貯蓄金の保全措置に係る命令（法第4条）

5 労働基準法及び関連法

　介護保険サービスについて、ロボットやICT導入等が進められていますが、基本は人による対人サービスです。介護保険のサービスの提供方法等について運営基準等に定められていますが、それは雇用した職員により行われます。労働基準法等労働関係法令、その雇用関係について定めたもので、その遵守は強く求められています。

　なお、主な労働関係法としては、以下があります。ここでは、簡単にその骨格部分について簡単に触れます。

○労働関係調整法（昭和21年法律第25号）

○労働基準法（昭和22年法律第49号）

　・労働基準法施行規則（昭和22年厚生省令）

○労働契約法（平成19年法律第128号）

○労働組合法（昭和24年法律第174号）

○労働者災害補償保険法（昭和22年法律第50号）

○労働者の職務に応じた待遇の確保等のための施策の推進に関する法律（平成27年法律第69号）

○労働者派遣事業の適正な運営の確保及び派遣労働者の保護等に関する法律（昭和60年法律第88号）

○雇用の分野における男女の均等な機会及び待遇の確保等に関する法律（昭和47年法律第113号）

○雇用保険法　（昭和49年法律第116号）

○賃金の支払いの確保等に関する法律（昭和51年法律第34号）

○労働安全衛生法（昭和47年法律第57号）

○育児休業、介護休業等育児又は家族介護を行う労働者の福祉に関する法律（平成3年法律第76号）

○短時間労働者及び有期雇用労働者の雇用管理の改善等に関する法律
（平成5年法律第76号）

等

ここでは、そのうち、ポイントとなる5つの法律について簡単に触れます。

1 労働基準法（昭和22年法律第49号）

（労働条件の原則）

第一条　労働条件は、労働者が人たるに値する生活を営むための必要を充たすべきものでなければならない。

②この法律で定める労働条件の基準は最低のものであるから、労働関係の当事者は、この基準を理由として労働条件を低下させてはならないことはもとより、その向上を図るように努めなければならない。

（労働条件の決定）

第二条　労働条件は、労働者と使用者が、対等の立場において決定すべきものである。

②労働者及び使用者は、労働協約、就業規則及び労働契約を遵守し、誠実に各々その義務を履行しなければならない。

（均等待遇）

第三条　使用者は、労働者の国籍、信条又は社会的身分を理由として、賃金、労働時間その他の労働条件について、差別的取扱をしてはならない。

（男女同一賃金の原則）

第四条　使用者は、労働者が女性であることを理由として、賃金について、男性と差別的取扱いをしてはならない。

（強制労働の禁止）

第五条　使用者は、暴行、脅迫、監禁その他精神又は身体の自由を

不当に拘束する手段によって、労働者の意思に反して労働を強制
してはならない。

（中間搾取の排除）

第六条　何人も、法律に基いて許される場合の外、業として他人の
就業に介入して利益を得てはならない。

（公民権行使の保障）

第七条　使用者は、労働者が労働時間中に、選挙権その他公民とし
ての権利を行使し、又は公の職務を執行するために必要な時間を
請求した場合においては、拒んではならない。但し、権利の行使
又は公の職務の執行に妨げがない限り、請求された時刻を変更す
ることができる。

第二章　労働契約

（この法律違反の契約）

第十三条　この法律で定める基準に達しない労働条件を定める労働
契約は、その部分については無効とする。この場合において、無
効となった部分は、この法律で定める基準による。

図表2-5●労働基準法が定める契約例

<例1>

| 年次休暇は雇入の日から起算して3年目から与える | 法第39条により、「年次休暇は6か月目」から与える」に自動修正 |

<例2>

| 契約期間の途中で退職したら罰金 | 法第16条により、労働契約の不履行についての違約金の定めは無効 |

<例3>

| 会社に損害を与えたら○○円を支払う | 法第16条により、損害賠償額を予定する契約は無効 |

（契約期間等）

第十四条　労働契約は、期間の定めのないものを除き、一定の事業
の完了に必要な期間を定めるもののほかは、三年（次の各号のい
ずれかに該当する労働契約にあっては、五年）を超える期間につ
いて締結してはならない。

一　専門的な知識、技術又は経験（以下この号及び第四十一条の二第一項第一号において「専門的知識等」という。）であつて高度のものとして厚生労働大臣が定める基準に該当する専門的知識等を有する労働者（当該高度の専門的知識等を必要とする業務に就く者に限る。）との間に締結される労働契約

二　満六十歳以上の労働者との間に締結される労働契約（前号に掲げる労働契約を除く。）

②以下略

図表2-6●労働契約の契約期間

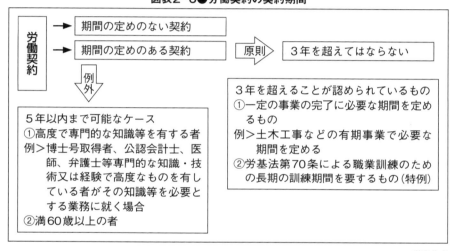

著者作成

（労働条件の明示）

第十五条　使用者は、労働契約の締結に際し、労働者に対して賃金、労働時間その他の労働条件を明示しなければならない。この場合において、賃金及び労働時間に関する事項その他の厚生労働省令で定める事項については、厚生労働省令で定める方法により明示しなければならない。

②以下略

図表2−7●明示しなければならない労働条件

必ず明示が必要	**書面によらなければならない事項** ①労働契約の期間 ②就業の場所・従事すべき業務 ③始業・終業の時刻、所定労働時間を超える労働（早出・残業等）の有無、休憩時間、休日、休暇、労働者を２組以上に分けて就業させる場合における就業時転換に関する事項 ④賃金の決定・計算・支払いの方法、賃金の締め切り・支払時期 ⑤退職に関する事項（解雇の理由を含む） ⑥昇級に関する事項
定めたときは明示	⑦退職手当の定めが適用される労働者の範囲、退職手当の決定、計算、支払いの方法および支払時期 ⑧臨時に支払われる賃金、賞与等及び最低賃金額に関する事項 ⑨労働者に負担させる食費、作業用品等に関する事項 ⑩安全・衛生 ⑪職業訓練 ⑫災害補償、業務外の傷病扶助 ⑬表彰、制裁 ⑭休職

著者作成

（賃金の支払）

第二十四条　賃金は、通貨で、直接労働者に、その全額を支払わなければならない。ただし、法令若しくは労働協約に別段の定めがある場合又は厚生労働省令で定める賃金について確実な支払の方法で厚生労働省令で定めるものによる場合においては、通貨以外のもので支払い、また、法令に別段の定めがある場合又は当該事業場の労働者の過半数で組織する労働組合があるときはその労働組合、労働者の過半数で組織する労働組合がないときは労働者の過半数を代表する者との書面による協定がある場合においては、賃金の一部を控除して支払うことができる。

②賃金は、毎月一回以上、一定の期日を定めて支払わなければならない。ただし、臨時に支払われる賃金、賞与その他これに準ずるもので厚生労働省令で定める賃金については、この限りでない。

（休業手当）

第二十六条　使用者の責に帰すべき事由による休業の場合においては、使用者は、休業期間中当該労働者に、その平均賃金の百分の六十以上の手当を支払わなければならない。

（最低賃金）

第二十八条　賃金の最低基準に関しては、最低賃金法（昭和三十四年法律第百三十七号）の定めるところによる。

（労働時間）

第三十二条　使用者は、労働者に、休憩時間を除き一週間について四十時間を超えて、労働させてはならない。

②使用者は、一週間の各日については、労働者に、休憩時間を除き一日について八時間を超えて、労働させてはならない

（一か月単位の変形労働時間）

第三十二条の二　使用者は・・略　・・一箇月以内の一定の期間を平均し一週間当たりの労働時間が、40時間・特例事業所は44時間を超えない定めをしたときは、特定の週や日において（一日及び一週間）の労働時間を超え、労働させることができる。

①　変形期間中の週平均労働時間を法定時間内にすること
②　労使協定や就業規則等で労働時間を定め、周知すること
③　起算日を明確に定めておくこと

②以下略

（フレックスタイム制）

第三十二条の三　使用者は、（略）その労働者に係る始業及び終業の時刻をその労働者の決定に委ねることとした労働者（について以下のことを定めておく）

一　この項の規定による労働時間により労働させることができることとされる労働者の範囲

二　清算期間

三　清算期間における総労働時間

四　その他厚生労働省令で定める事項

②以下略

（一年単位の変形労働時間）

第三十二条の四　使用者は、・・略・・平均し一週間当たりの労働時間が四十時間を超えない範囲内において、同条第二項の労働時間

を超えて、労働させることができる。

一　　（略）

二　対象期間（その期間を平均し一週間当たりの労働時間が四十時間を超えない範囲内において労働させる期間をいい、**一箇月を超え一年以内の期間に限る**ものとする。）

---

①対象期間は1か月を超え、1年以内
②対象期間中の平均1週間の平均労働時間は40時間以内
③労働時間の制限は、1日10時間以内、1週間当たり52時間まで
④対象期間における労働日数は1年間に280日以内
⑤連続して労働する日数は原則として最長6日まで
⑥1日及び1週間の労働時間が法廷時間以内で定められているときは、法定労働時間を超え時間、法定労働時間を超えて定められているときは、超えた時間について割増賃金を払う
⑦対象労働者の範囲、対象期間及び起算日、労働日毎の労働時間及び有効期間、特定期間を定めた労使協定を締結し、これを労働基準監督署長に届け出る
⑧常時10人以上の労働者を使用している事業所は、1年単位の変形労働時間を採用する旨を就業規則に記載し、これを労働基準監督署長に届出る

（休憩）

第三十四条　使用者は、労働時間が六時間を超える場合においては少くとも四十五分、八時間を超える場合においては少くとも一時間の休憩時間を労働時間の途中に与えなければならない。

②前項の休憩時間は、一斉に与えなければならない。ただし、労働組合、労働者の過半数を代表する者との書面による協定があるときは、この限りでない。

③使用者は、第一項の休憩時間を自由に利用させなければならない。

（休日）

第三十五条　使用者は、労働者に対して、毎週少くとも一回の休日を与えなければならない。

②前項の規定は、四週間を通じ四日以上の休日を与える使用者については適用しない。

（時間外及び休日の労働）

第三十六条　使用者は、労働組合がある場合は労働組合、ない場合は労働者の過半数を代表する者との書面による協定をし、行政官庁に届け出た場合においては、労働時間、休日に関する規定にか

かわらず、その協定で定めるところによって<u>労働時間を延長し、又は休日に労働させることができる。</u>

（時間外、休日及び深夜の割増賃金）

第三十七条　使用者が、労働時間を延長し、又は休日に労働させた場合においては、<u>通常の労働時間又は労働日の賃金の計算額の二割五分以上五割以下の範囲</u>内でそれぞれ政令で定める率以上の率で計算した割増賃金を支払わなければならない。ただし、<u>労働時間が一箇月六十時間を超えた場合</u>、その超えた時間の労働については、通常の労働時間の<u>賃金の計算額の五割以上</u>の割増賃金を支払わなければならない。

（年次有給休暇）

第三十九条　使用者は、その雇入れの日から起算して六箇月間継続勤務し全労働日の八割以上出勤した労働者に対して、継続し、又は分割した十労働日の有給休暇を与えなければならない。

※６か月以上継続して勤務して全労働日の８割以上出勤した場合は、10日間の有給休暇を与えなければなりません（パート、アルバイト、嘱託等の短時間労働者や管理監督者も同様　（**図2-8**）。

◇年次有給休暇の付与日数（週５日以上または所定労働時間30時間以上）

図表2-8●有給休暇の付与日数

勤続年数	0.5年	1.5年	2.5年	3.5年	4.5年	5.5年	6.5年以上
付与日数	10日	11日	12日	14日	16日	18日	20日

使わなかった休暇は翌年に繰り越せますが、与えられた日から２年で時効となり、利用できなくなります。

（労働時間等に関する規定の適用除外）

第四十一条　この章、第六章及び第六章の二で定める労働時間、休憩及び休日に関する規定は、次の各号の一に該当する労働者については適用しない。

一　別表第一第六号（林業を除く。）又は第七号に掲げる事業に従事する者

二　事業の種類にかかわらず監督若しくは管理の地位にある者又は機密の事務を取り扱う者

三　監視又は断続的労働に従事する者で、使用者が行政官庁の許可を受けたもの

第六章の二　妊産婦等

（坑内業務の就業制限）

第六十四条の二

（危険有害業務の就業制限）

第六十四条の三

（産前産後）

第六十五条　使用者は、<u>六週間以内に出産する予定の女性が休業を請求した場合</u>においては、その者を就業させてはならない。

②使用者は、<u>産後八週間を経過しない女性を就業させてはならない。</u>ただし、産後六週間を経過した女性が請求した場合において、その者について医師が支障がないと認めた業務に就かせることは、差し支えない。

③使用者は、妊娠中の女性が請求した場合においては、他の軽易な業務に転換させなければならない。

第六十六条

②使用者は、妊産婦が請求した場合においては、時間外労働をさせてはならず、又は休日に労働させてはならない。

③使用者は、妊産婦が請求した場合においては、深夜業をさせてはならない。

（育児時間）

第六十七条　<u>生後満一年に達しない生児を育てる女性</u>は、第三十四条の休憩時間のほか、一日二回各々少なくとも三十分、その生児を育てるための時間を請求することができる。

②使用者は、前項の育児時間中は、その女性を使用してはならない。

（生理日の就業が著しく困難な女性に対する措置）

第六十八条　使用者は、生理日の就業が著しく困難な女性が休暇を

　　　請求したときは、その者を生理日に就業させてはならない。

第九章　就業規則

（作成及び届出の義務）

第八十九条　常時十人以上の労働者を使用する使用者は、次に掲げ
　　る事項について就業規則を作成し、行政官庁に届け出なければな
　　らない。

（作成の手続）

第九十条　使用者は、就業規則の作成又は変更について、当該事業
　　場に、労働者の過半数で組織する労働組合がある場合において
　　はその労働組合、労働者の過半数で組織する労働組合がない場合に
　　おいては労働者の過半数を代表する者の意見を聴かなければなら
　　ない。

図表2-9●就業規則の記載事項における規定

必須	①始業および就業の時刻、休憩時間、休日、休暇、労働者を2組に分けて交替で就業させる場合は就業時転換に関する事項（育児、介護休業を含む） ②賃金（臨時の賃金を除く）の決定、計算および支払いの方法、締切および支払時期、昇給に関する事項 ③退職（解雇の事由を含む）に関する事項
定めた場合は記載	①退職手当の定めをする場合は適用労働者の範囲、退職手当の決定・計算・支払方法、退職手当の支払時期 ②臨時の賃金（退職手当を除く）および最低賃金額の定めをする場合には、関連事項 ③労働者に食費、作業用品、その他負担させる場合は、これに関する事項 ④安全および衛生に関する定めをする場合は、これに関する事項 ⑤職業訓練に関する定めをする場合には、これに関する事項 ⑥災害補償及び業務外の傷病扶助に関し定める場合は、これに関する事項 ⑦表彰および制裁の定めをする場合は、その種類および程度に関する事項 ⑧その他当該事業場の労働者全てに適用される定めをする場合、これに関する事項

2　労働安全衛生法（昭和47年法律第57号）

（労働災害防止計画の策定）

第六条　厚生労働大臣は、労働政策審議会の意見をきいて、労働災害の防止のための主要な対策に関する事項その他労働災害の防止に関し重要な事項を定めた計画（以下「労働災害防止計画」という。）を策定しなければならない。

（総括安全衛生管理者）

第十条　事業者は、政令で定める規模の事業場ごとに、厚生労働省令で定めるところにより、総括安全衛生管理者を選任し、その者に安全管理者、衛生管理者又は技術的事項を管理する者の指揮をさせるとともに、次の業務を統括管理させなければならない。

一　労働者の危険又は健康障害を防止するための措置に関すること。

二　労働者の安全又は衛生のための教育の実施に関すること。

三　健康診断の実施その他健康の保持増進のための措置に関すること。

四　労働災害の原因の調査及び再発防止対策に関すること。

五　前各号に掲げるもののほか、労働災害を防止するため必要な業務で、厚生労働省令で定めるもの

（健康診断）

第六十六条　事業者は、労働者に対し、厚生労働省令で定めるところにより、医師による健康診断を行わなければならない。

○健康診断項目

1　既往歴及び業務歴の調査
2　自覚症状及び他覚症状の有無の検査
3　身長、体重、腹囲、視力及び聴力の検査
4　胸部エックス線検査及び喀痰検査
5　血圧の測定
6　貧血検査（血色素量及び赤血球数）
7　肝機能検査（GOT、GPT、γ―GTP）
8　血中脂質検査
（LDLコレステロール、HDLコレステロール、血清トリグリセライド）
9　血糖検査
10　尿検査（尿中の糖及び蛋白の有無の検査）
11　心電図検査

※平成29年8月4日基発0804第4号「定期健康診断等における診断項目の取扱い等について」から

3 労働者災害補償保険法（昭和22年法律第50号）

第一章　総則

第一条　労働者災害補償保険は、業務上の事由、事業主が同一人でない二以上の事業に使用される労働者の二以上の事業の業務を要因とする事由又は通勤による労働者の負傷、疾病、障害、死亡等に対して迅速かつ公正な保護をするため、必要な保険給付を行い、あわせて、業務上の事由、複数事業労働者の二以上の事業の業務を要因とする事由又は通勤により負傷し、又は疾病にかかつた労働者の社会復帰の促進、当該労働者及びその遺族の援護、労働者の安全及び衛生の確保等を図り、もつて労働者の福祉の増進に寄与することを目的とする。

第二条　労働者災害補償保険は、政府が、これを管掌する。

---

4 育児休業、介護休業等育児又は家族介護を行う労働者の福祉に関する法律（平成3年法律第76号）（育児介護休業法）

（目的）

第一条　この法律は、育児休業及び介護休業に関する制度並びに子の看護休暇及び介護休暇に関する制度を設けるとともに、子の養育及び家族の介護を容易にするため所定労働時間等に関し事業主が講ずべき措置を定めるほか、子の養育又は家族の介護を行う労働者等に対する支援措置を講ずること等により、子の養育又は家族の介護を行う労働者等の雇用の継続及び再就職の促進を図り、もってこれらの者の職業生活と家庭生活との両立に寄与することを通じて、これらの者の福祉の増進を図り、あわせて経済及び社会の発展に資することを目的とする。

（育児休業の申出）

第五条　労働者は、その養育する一歳に満たない子について、その事業主に申し出ることにより、育児休業をすることができる。ただし、期間を定めて雇用される者にあっては、次の各号のいずれにも該当するものに限り、当該申出をすることができる。

一　当該事業主に引き続き雇用された期間が一年以上である者

二　その養育する子が一歳六か月に達する日までに、その労働契約が満了することが明らかでない者

（介護休業の申出）

第十一条　労働者は、その事業主に申し出ることにより、介護休業をすることができる。ただし、期間を定めて雇用される者にあっては、次の各号のいずれにも該当するものに限り、当該申出をすることができる。

5 短時間労働者及び有期雇用労働者の雇用管理の改善等に関する法律（平成5年法律第76号）（パートタイム労働法）

第二章　短時間・有期雇用労働者対策基本方針

第五条　厚生労働大臣は、短時間・有期雇用労働者の福祉の増進を図るため、短時間・有期雇用労働者の雇用管理の改善等の促進、職業能力の開発及び向上等に関する施策の基本となるべき方針（以下この条において「短時間・有期雇用労働者対策基本方針」という。）を定めるものとする。

第三章　短時間・有期雇用労働者の雇用管理の改善等に関する措置等

（労働条件に関する文書の交付等）

第六条　事業主は、短時間・有期雇用労働者を雇い入れたときは、速やかに、当該短時間・有期雇用労働者に対して、労働条件に関する事項のうち労働基準法（昭和二十二年法律第四十九号）第十五条第一項に規定する厚生労働省令で定める事項以外のものであって厚生労働省令で定めるもの（次項及び第十四条第一項において「特定事項」という。）を文書の交付その他厚生労働省令で定める方法（次項において「文書の交付等」という。）により明示しなければならない。

（不合理な待遇の禁止）

第八条（通常の労働者と同視すべき短時間・有期雇用労働者に対する差別的取扱いの禁止）

（福利厚生施設）

第十二条　事業主は、通常の労働者に対して利用の機会を与える福利厚生施設であって、健康の保持又は業務の円滑な遂行に資するものとして厚生労働省令で定めるものについては、その雇用する短時間・有期雇用労働者に対しても、利用の機会を与えなければならない。

　以上、やや幅広く労働関連法制について触れましたが、優秀な人材の雇用・育成は企業活動の要ですので、法令順守のうえ、夢を持って働ける環境整備が、事業者には望まれます。

図表2-10 ● 全世代型社会保障改革について

全世代型社会保障改革について

人生100年時代の到来を見据え、「自助・公序・共助」そして「絆」を軸に、**お年寄りに加え、子供たち、子育て世代**、さらには**現役世代**まで広く安心を支えていく**全世代型社会保障**の構築を目指します。

〈少子化対策〉

日本の未来を担うのは子供たち。長年の課題である**少子化対策を大きく前に進めます。**
（参考）令和元年出生数:86万5千人(過去最小)・合計特殊出生率:1.36%、令和2年4月待機児童数：12,439人

・**不妊治療**：令和４年度から**保険適用**。助成制度は**大幅拡充**
　　　　　　（所得制限撤廃、助成額１回30万円に増額等）　　➡ **不妊治療が受けやすく**

・**待機児童解消**：４年間で**約14万人分**の保育の場を整備　　➡ **待機児童問題に終止符**
　※　財源は、年収1,200万円以上の方の児童手当見直しと、経済界からの拠出

・**男性育児休業取得促進**：出生直後の休業取得促進制度を創設　➡ **男性も育児参加**

〈医療〉

令和４年から団塊の世代が75歳以上の高齢者に。現役世代の負担上昇抑制が課題です。
（参考）現役世代から後期高齢者への支援金　令和2年度:6.8兆円⇒令和4年度:7.1兆円⇒令和7年度:8.1兆円

・**75歳以上の窓口負担**：令和４年度から**課税所得28万円かつ単身**
　の場合年収200万円（ご夫婦の場合は合計年収320万円）以上の　➡ **現役世代の負担軽減**
　方は、２割負担をお願いします。　　　　　　　　　　　　　　　年間▲約720億円
　※　施行後３年間、月の負担増を最大3千円に収める配慮措置あり。

・**医療機関の役割分担推進**：大病院に紹介状なしで受診した場合の定額　➡ **医療機関の役割分担推進**
　負担について、対象病院（200床以上で地域の実情に応じて明確化さ
　れる紹介患者への外来を基本とする病院）や負担額を見直します。

※令和3年1月　全国厚生労働関係部局長会議資料　政策統括官　から

問題 1 下記の選択肢①〜⑤のうち、社会福祉施設の建物・設備の基準についての記述で、正しいものを選びなさい。

［選択肢］

①社会福祉施設の建物の基準については、それぞれ通知で最低基準が定められている。

②社会福祉施設（入所）の最低基準には、建物の構造、居室の面積、廊下幅等について記載されている。

③有料老人ホームは、社会福祉施設ではないので、面積の最低基準は定められていない。

④消火設備等については、入所施設には施設最低基準には特に定めがあるが、通所施設にはない。

⑤特別養護老人ホームには、医務室の設置が義務づけられている。

問題 2 下記の選択肢①〜④のうち、福祉施設を新たに建設する場合の手続きについての説明で、誤っているものを選びなさい。

［選択肢］

①都市計画区域または準都市計画区域内において開発行為を行う場合に都市計画法に基づく開発許可が必要である。

②工事に伴う掘削等で、昔の遺跡等が発見された場合に、開発許可を得ていればそのまま工事を進めてよい。

③建設にあたっては、所管課の建築確認が必要である。福祉施設の場合は、建築基準法とともに、利用する建物の建築・設備の最低基準を満たす必要がある。

④多数の障害者・高齢者等が生活または通所する場所であることから、消防法による規制を満たす必要がある。

問題 3 下記の選択肢①〜⑤のうち、防火管理者の業務内容として、誤っているものを選びなさい。

[選択肢]

①消火に必要な設備、消防用水もしくは消火活動上必要な施設の点検および整備

②火元責任者等防火管理業務従事者に対する必要な指示

③地域の住民と協働で地域の消防計画を作成すること

④防火管理に係る消防計画の作成

⑤消防計画に基づいた消火、通報および避難訓練の実施

問題 4 下記の選択肢①〜③のうち、福祉施設の従事者に関する説明で、誤っているものを選びなさい。

[選択肢]

①介護施設の介護職員は、すべて介護職員初任者研修以上の資格が必要である。

②福祉サービスごとに、必要な職員の職種について、法令で定められている。

③職員の資質向上のための方法として、大きくOJTとOffJTがある。

**問題
5**　下記の選択肢①～⑤のうち、労働基準法について
の説明において、誤っているものを選びなさい。

[選択肢]

①月60時間を超える法定時間外労働に対して、使用者は50％以上の率で計算
した割増料金を支払わなければならない。ただし、中小企業は適用が猶予さ
れている。

②労使協定により年次有給休暇を時間単位で付与することができる。

③過半数組合、それがない場合は使用者の責任において、年に5日を限度とし
て時間単位で年次有給休暇を与えることができる。

④使用者は、労働者の労働時間が6時間を超える場合は少なくても45分、8
時間を超える場合には少なくとも1時間の休憩を労働時間内に与えなければ
ならない。

⑤時間外労働・休日労働を行わせる場合には、時間外労働・休日労働に関する
労使協定(三六協定)を締結し、労働基準監督署に届け出る必要がある。

**問題
6**　下記の①～⑤のうち、労働時間と見なされるもの
には〇を、見なされないものには×を、それぞれ
(　　　)内に入れなさい。

①使用者の指示による研修時間(　　　)

②使用者の指揮命令による施設行事等の準備時間(　　　)

③利用者へのサービスに係る打ち合わせ・会議の時間(　　　)

④業務報告書等の作成時間(　　　)

⑤交代勤務における引き継ぎ時間(　　　)

問題 7 下記の選択肢①～⑤のうち、労働法関連についての説明において、正しいものを選びなさい。

[選択肢]

①年次有給休暇について、原則は6か月目からであるが、「雇用の日から起算して3年目から与える」と労働条件に明記して雇用すれば、3年目から有休を与えることは可能である。

②従業員を雇用する際は、賃金・労働条件について書面で明示する必要がある。

③パートタイマーを雇用するときは、㋐昇級の有無、㋑退職手当の有無、㋒賞与の有無について明示しなければならない。

④1か月単位の変形労働時間制では、1週間の労働時間が40時間（特例事業場（注）は44時間）以下の範囲内で、特定の日や週について1日および1週間の法定労働時間を超えて働かせることができる。

⑤休憩時間は、原則として労働時間の途中で一斉に与え、かつ自由に利用させなければならない。

解答1　②、③、⑤

解説1　①は通知ではなく法令（省令）で定められています。④は通所施設にも消火設備等の設置は義務づけられているので誤りとなります。
　社会福祉施設の整備に際しては、例えば、児童福祉、身体障害者福祉、高齢者福祉等それぞれの利用者の特性に応じて、厚生労働省令（法令）で施設の最低基準が定められています。しかし、有料老人ホームについては、社会福祉事業法の社会福祉施設ではないために、施設の最低基準は定められていません。ただし、建物であるため建築基準法の適用は受け、また多くの高齢者が生活をすることから消防法の適用も受けます。また、有料老人ホームが介護保険法の特定施設の指定を受ける場合は、介護保険法に定める基準の適用を受けることになります。

解答2　②

解説2　建設予定地から遺物が出土したときは、文化財保護法の規定により、市町村等による必要な調査等を行うことになります。
　①の都市計画区域または準都市計画区域内の場合は、開発許可が必要です。③の建物の建設には、建築物としての妥当性についての建築許可が必要ですが、福祉施設としての要件を満たす必要があります。④は消防法に定める基準を満たす必要があります。特に多様な災害を想定した対応が必要です。

解答 3　　③

解説 3　施設の防火管理を含めた利用者の安全確保は、火災のみならず地震等への対応も視野に入れなければならなくなってきました。火災等発生時による施設からの避難と同時に、逆に地域の要援助者の受入れも起こりうることになりました。③はこの問題の解答としては誤りですが、地域との協働は大切です。また、通所施設であっても、送迎を行う者が、交通渋滞・停止等の影響で「迎えに来ることができない」、あるいは「受け入れができない」等の事態も考えられ、場合によっては通所介護での宿泊も起こり得ます。そのような多様な事態に対応できるよう、体制を検討する必要があります。

解答 4　　①

解説 4　介護職員の資格については、それぞれ「○○○に関する人員、設備及び運営に関する基準（「施設等の最低基準」と呼ぶ。）」に定められています。また、例えば施設長の資格、通所介護の生活相談員の資格等は、通知等でさらに詳細に定められたり、都道府県が解釈を出しているところもありますので、その確認が必要となります。

その上で、職員の質の確保を図る必要があります。東京都国民保険団体連合会が毎年発行している『苦情白書』によれば、苦情の多くは「職員の態度、管理者の態度、情報の提供が不十分」等に集中しています。専門職としての知識・スキル以前の苦情が多く、サービスの質向上のためには、仕事の方法等の改善と並んで、「ホスピタリティ」の改善が重要です。

解答 5　③

解説 5　③は、過半数組合、それがない場合は過半数代表者との間で労使協定を結べば、年に5日を限度として時間単位で年次有給休暇を与えることができます。組合がない場合の協定の扱いは、原則として以下の扱いとなります。

注）使用者の責任ではなく、職員の過半数で組織する組合がないときは、職員の過半数を代表する者と書面による協定を行えば可能となります。

解答 6　**すべて労働時間と見なされます。**

解答 7　②、③、④、⑤

解説 7　労働基準法に定める要件等は強行規定であり、それに反した契約（取り決め）は、その反する部分が無効になり、法に定める基準が適用され6か月に修正されます。

注）特例事業場＝事業所の規模が10人未満の一部の業種：商業・映画演劇業、保健衛生業・接客娯楽業

第**3**章

事業の実施
（利用者を保護する仕組み）

１ 利用者を保護する仕組み

２ 消費者契約法

３ 高齢者虐待の防止、高齢者の養護者に対する支援等に関する法律

４ 成年後見制度と任意後見制度

利用者を保護する仕組み

1 契約における利用者保護

　介護保険法の施行によって福祉サービスの利用が事業者と利用者の私的契約となったことに伴い、情報の非対称性等を踏まえて利用者を保護するためのさまざまな仕組みの構築が行われました（**図表3-1**）。

図表3-1●利用者を保護する仕組み

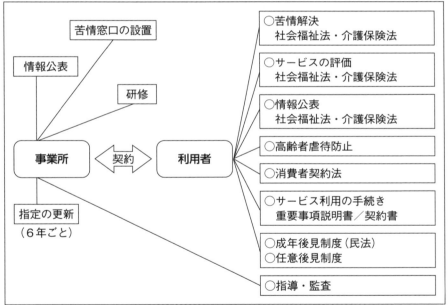

　　　　　　　　　　　　　　　　　　　　　　　　　　　　　著者作成

2 苦情解決

　苦情の解決については、介護保険法および社会福祉法それぞれに別

の規定があります。介護保険制度においては、事業所は苦情窓口を設置することになっています。また、利用者は事業所に直接言うか、県の国保連が苦情に対応することになっていますが、現実は身近な保険者や地域包括支援センター、ケアマネジャーに苦情を相談する例が多いと思われます（**図表3-2**）。

　苦情については、東京都の国保連が毎年『苦情相談白書』を作成公表しています。

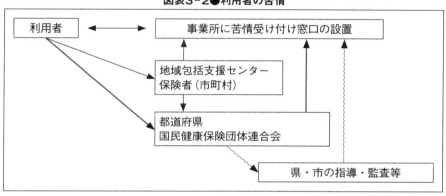

図表3-2●利用者の苦情

出所：「指定居宅サービス等の事業の人員、設備及び運営に関する基準（省令）」第36条ほか、「社会福祉法」第82条、第83条（運営適正化委員会）

3 サービスの評価

　サービスの評価には自己評価と第三者による評価があります。例えば介護保険法の第73条などで「自らその提供する指定居宅サービスの質の評価を行うこと」と義務づけています。また認知症のグループホーム、小規模多機能施設には第三者によるサービス評価の実施とその公表が義務づけられています。

　一方、社会福祉法では「社会福祉事業の経営者は、自らその提供する福祉サービスの質の評価を行うことその他の措置を講ずることにより、常に福祉サービスを受ける者の立場に立って良質かつ適切な福祉サービスを提供するよう努めなければならない（第78条）」と規定され、自己評価や第三者評価が実施されています。

しかし、評価手法の確立がまだ見えていないのが現状と思われます。

★福祉サービス第三者評価事業に関する指針

福祉サービス第三者評価については、指針及びガイドラインで具体的に示されています。

◇**都道府県推進組織に関するガイドライン**

1　設置

都道府県における福祉サービス第三者評価事業（以下「第三者評価事業」という。）の推進組織（以下「都道府県推進組織」という。）は、都道府県、都道府県社会福祉協議会、公益法人又は都道府県が適当と認める団体に設置するものとする。

なお、都道府県推進組織は、各都道府県に一つに限り設置するものとする。

また、都道府県は、都道府県推進組織の適切な運営の確保に努めるものとする。

2　業務

都道府県推進組織は、以下の業務を行うものとする。

① 第三者評価機関の認証に関すること
② 第三者評価基準及び第三者評価の手法に関すること
③ 第三者評価結果の取扱いに関すること
④ 評価調査者養成研修及び評価調査者継続研修に関すること
⑤ 第三者評価事業に関する情報公開及び普及・啓発に関すること
⑥ 第三者評価事業に関する苦情等への対応に関すること
⑦ その他第三者評価事業の推進に関すること
略

◇**福祉サービス第三者評価機関認証ガイドライン**

1　第三者評価機関認証要件

（1）　組織体制・規程等

① 法人格を有すること。
② 評価調査者に関し、次の要件を満たすこと
略

◇**福祉サービス第三者評価基準ガイドライン**

評価対象Ⅰ　福祉サービスの基本方針と組織

Ⅰ—1　理念・基本方針
［Ⅰ—1—（1）　理念、基本方針が確立されている。］
　Ⅰ—1—（1）—①　理念が明文化されている。
　Ⅰ—1—（1）—②　理念に基づく基本方針が明文化されている。
［Ⅰ—1—（2）　理念や基本方針が周知されている。］
　Ⅰ—1—（2）—①　理念や基本方針が職員に周知されている。
　Ⅰ—1—（2）—②　理念や基本方針が利用者等に周知されている。
Ⅰ—2　事業計画の策定
［Ⅰ—2—（1）　中・長期的なビジョンと計画が明確にされている。］
　Ⅰ—2—（1）—①　中・長期計画が策定されている。
　Ⅰ—2—（1）—②　中・長期計画を踏まえた事業計画が策定されている。
［Ⅰ—2—（2）　事業計画が適切に策定されている。］
　Ⅰ—2—（2）—①　事業計画の策定が組織的に行われている。
　Ⅰ—2—（2）—②　事業計画が職員に周知されている。
　Ⅰ—2—（2）—③　事業計画が利用者等に周知されている。
Ⅰ—3　管理者の責任とリーダーシップ

［Ⅰ－3－(1)　管理者の責任が明確にされている。］
　Ⅰ－3－(1)－①　管理者自らの役割と責任を職員に対して表明している。
　Ⅰ－3－(1)－②　遵守すべき法令等を正しく理解するための取組を行っている。
［Ⅰ－3－(2)　管理者のリーダーシップが発揮されている。］
　Ⅰ－3－(2)－①　質の向上に意欲を持ちその取組に指導力を発揮している。
　Ⅰ－3－(2)－②　経営や業務の効率化と改善に向けた取組に指導力を発揮している。
評価項目以下略

※福祉サービス第三者評価事業に関する指針について
（平成16年5月7日／雇児発第0507001号／社援発第0507001号／老発第0507001号）
から

4　提供するサービス情報の公表

　サービス情報の公表については、2015（平成27）年度施行の改正介護保険法により情報提供の仕組みが次のように見直されました（**図表3-3**）。

図表3-3●サービス情報の公表

	従来の制度	見直し後 平成24年4月1日施行（平成27年改正）
調査	介護サービス事業者が報告した調査情報について、指定調査期間の調査員が年1回事業所に訪問し調査	都道府県が必要と認める場合に実施 ※都道府県において指針、国においてガイドラインを作成 ※基本情報も調査対象とする
手数料	①都道府県知事が条例により定める ②手数料（公表手数料、調査手数料）を介護サービス事業者より徴収	調査事務、公表事務の効率化により低減。地方自治法に基づき手数料を徴収することが可能
公表される情報	①基本情報 ②調査情報 ③事業所より年1回報告	①基本情報、運営情報（旧調査情報） ②介護サービスの質や介護従事者に関する情報の公表に配慮 ③同左
公表対象サービス	介護予防サービスを含む50サービス	介護予防サービスについては、本体サービスと一体的に運営されている場合は、報告の一体化を可能にする
公表システムサーバー	各都道府県が設置して、管理運営	国がサーバーを一元的に管理 ※各都道府県は、国設置のサーバーを活用して公表事務を実施可能
虚偽報告への対応	是正等を命じ、命令に従わない場合は指定取消、または停止	同左

図表3-4●介護サービス情報公表制度の見直しの全体像

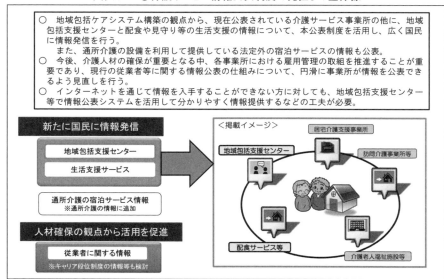

○　地域包括ケアシステム構築の観点から、現在公表されている介護サービス事業所の他に、地域包括支援センターと配食や見守り等の生活支援の情報について、本公表制度を活用し、広く国民に情報発信を行う。
　　また、通所介護の設備を利用して提供している法定外の宿泊サービスの情報も公表。
○　今後、介護人材の確保が重要となる中、各事業所における雇用管理の取組を推進することが重要であり、現行の従業者等に関する情報公表の仕組みについて、円滑に事業所が情報を公表できるよう見直しを行う。
○　インターネットを通じて情報を入手することができない方に対しても、地域包括支援センター等で情報公表システムを活用して分かりやすく情報提供するなどの工夫が必要。

出所：厚生労働省資料

5 サービスの利用手続き

　利用者を保護する観点から、介護保険法では事業所からのサービスを利用する手続きを定めています（**図表3-5**）。

図表3-5●利用者の相談と手続き

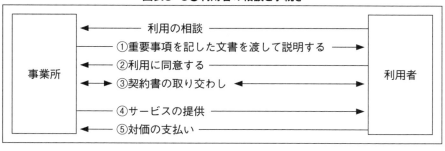

著者作成

◇重要事項説明書の内容 (訪問介護の例)

（内容及び手続の説明及び同意）
第八条　指定訪問介護事業者は、指定訪問介護の提供の開始に際し、あらかじめ、利用申込者又はその家族に対し、運営規程の概要、訪問介護員等の勤務の体制その他の利用申込者のサービスの選択に資すると認められる<u>重要事項を記した文書を交付</u>して説明を行い、当該提供の開始について利用申込者の同意を得なければならない。
第二十九条　指定訪問介護事業者は、指定訪問介護事業所ごとに、次に掲げる<u>事業の運営についての重要事項に関する規程を定めておかなければならない。</u>
　　一　事業の目的及び運営の方針、二　従業者の職種、員数及び職務の内容
　　三　営業日及び営業時間、四　指定訪問介護の内容及び利用料その他の費用の額
　　五　通常の事業の実施地域、六　緊急時等における対応方法
　　七　虐待の防止のための措置に関する事項、八　その他運営に関する重要事項
　　　（令三厚労令九・一部改正）

※「指定居宅サービス等の事業の人員、設備及び運営に関する基準」から

◇利用契約の申込み時の説明

社会福祉法第76条
第七十六条　社会福祉事業の経営者は、その提供する福祉サービスの利用を希望する者からの申込みがあつた場合には、その者に対し、当該福祉サービスを<u>利用するための契約の内容及びその履行に関する事項について説明</u>するよう努めなければならない。

2 消費者契約法
（平12年法律第61号／平29法45号）

1 消費者を守る法

　介護保険制度の施行により、介護サービスは私的契約をもって利用する仕組みとなりました。加えて利用者保護の観点から消費者契約法も整備されました。その目的は「消費者と事業者との間の情報の質・量・交渉力の格差」で消費者が騙されることを減らすことです。

　消費者契約法第4条において、事業者が利用者（消費者）に契約（取引）の勧誘をするとき、事業者が次に掲げる行為をしたために利用者が間違って理解したり、そのまま契約をしたりしたときには、契約を取り消すことができることとしました。

契約取り消しとなる事業者の行為

（消費者契約の申込み又はその承諾の意思表示の取消し）　抄
第四条　消費者は、事業者が消費者契約の締結に際し、当該各号に定める誤認をし、契約申込み又は承諾の意思表示をしたとき取り消すことができる。
一　重要事項について事実と異なることを告げること。
二　物品、権利、役務その他の当該消費者契約の目的となるものに関し、当該提供された断定的判断の内容が確実であるとの誤認
2　消費者に対して、当該消費者の不利益となる事実を故意・過失等により告げなかったことにより、当該事実が存在しないとの誤認をし承諾の意思表示をしたときは、これを取り消すことができる
3　事業者が次に掲げる行為をしたことにより困惑し、申込み又はその承諾の意思表示をしたときは、これを取り消すことができる。
一　（略）
二　（略）
三　消費者が社会生活上の経験が乏しく次の事項過大な不安を抱いていることを知りながら、その不安をあおり、物品、権利、役務その他の契約の目的となるものが当該願望を実現するために必要である旨を告げること。
　　イ　進学、就職、結婚、生計その他の社会生活上の重要な事項
　　ロ　容姿、体型その他の身体の特徴又は状況に関する重要な事項

四　社会生活上の経験が乏しい契約締結勧誘者に恋愛感情等を抱き、かつ勧誘者も当該消費者に同様の感情を抱いている誤信していることを知りながら、これに乗じ、当該消費者契約を締結しなければ当該勧誘を行う者との関係が破綻することになる旨を告げること。

五　加齢又は心身の故障によりその判断力が著しく低下していることから、生計、健康その他の事項に関しその現在の生活の維持に過大な不安を抱いていることを知りながら、その不安をあおり、裏付けとなる合理的な根拠がある場合その他の正当な理由がある場合でないのに、当該消費者契約を締結しなければその現在の生活の維持が困難となる旨を告げること。

六　七　八　（略）

参考

その他の消費者保護関連の法律

①消費者基本法（昭和四十三年法律第七十八号）

（目的）

第一条　この法律は、消費者と事業者との間の情報の質及び量並びに交渉力等の格差にかんがみ、消費者の利益の擁護及び増進に関し、消費者の権利の尊重及びその自立の支援その他の基本理念を定め、国、地方公共団体及び事業者の責務等を明らかにするとともに、その施策の基本となる事項を定めることにより、消費者の利益の擁護及び増進に関する総合的な施策の推進を図り、もつて国民の消費生活の安定及び向上を確保することを目的とする。

②特定商取引に関する法律（昭和五十一年法律第五十七号）

（目的）

第一条　この法律は、特定商取引（訪問販売、通信販売及び電話勧誘販売に係る取引、連鎖販売取引、特定継続的役務提供に係る取引、業務提供誘引販売取引並びに訪問購入に係る取引をいう。）を公正にし、及び購入者等が受けることのある損害の防止を図ることにより、購入者等の利益を保護し、あわせて商品等の流通及び役務の提供を適正かつ円滑にし、もつて国民経済の健全な発展に寄与することを目的とする。

③消費者安全法（平成二十一年法律第五十号）

（目的）

第一条　この法律は、消費者の消費生活における被害を防止し、そ

の安全を確保するため、内閣総理大臣による基本方針の策定について定めるとともに、都道府県及び市町村による<u>消費生活相談等の事務の実施及び消費生活センターの設置</u>、消費者事故等に関する<u>情報の集約等</u>、消費者安全調査委員会による消費者事故等の調査等の実施、消費者被害の発生又は拡大の防止のための措置その他の措置を講ずることにより、関係法律による措置と相まって、消費者が安心して安全で豊かな消費生活を営むことができる社会の実現に寄与することを目的とする。

3 高齢者虐待の防止、高齢者の養護者に対する支援等に関する法律（平17年法律第124号）

1 高齢者虐待の定義と発見した場合の手続き

　「高齢者虐待の防止、高齢者の養護者に対する支援等に関する法律（平成17年11月9日）」では、「虐待若しくは虐待のおそれがある高齢者」を発見したときは、その旨を区市町村（若しくは地域包括支援センター）に届け出ることとされています。

　届出を受けた区市町村は、速やかにその事実を確認するための「調査」を実施し、その事実が確認できた場合には、虐待の防止に向けた措置を執ることとされています。例えば、家族からの分離が必要な場合は、特養ホーム等への緊急入所措置などです。

　この法律の特徴は、虐待を受けている者だけでなく、虐待を行った者の支援も行うとしているところです。

2 虐待の定義（法第2条4項）

　虐待の定義は下の表の通りです。簡単そうに思えても、実際は虐待なのか、そうでないかの判断に迷うことも多いと思います。法律では、次の5種類をいいます（**図表3−6**）。

図表3-6●虐待の種類

①身体的虐待	高齢者の身体に外傷を生じ、または生じる恐れのある暴行を加えること ・平手打ちする、つねる、殴る、蹴る、食事をむりやり口に入れる、やけどをさせる、打撲させる ・ベッドに縛り付けたり、薬を意図的に過剰服用させたりするなどの身体拘束、抑制をする等
②ネグレクト（介護の放棄・無視）	高齢者を衰弱させるような減食、長時間の放置、虐待行為の放置世話の放棄等 ・入浴しておらず異臭がする、髪が伸び放題、皮膚が汚れている ・水分や食事を十分与えないことで、空腹状態が長時間にわたって続く、脱水状態や栄養失調の状態にある ・室内にゴミを放置する等劣悪な住環境の中で生活させる ・高齢者本人が必要とする介護・医療サービスを、相応の理由なく制限する、使わせない ・同居人による高齢者虐待と同様の行為を放置する等
③心理的虐待	高齢者に対する暴言、拒絶的対応、その他心理的外傷を与える言動等 ・排泄の失敗を嘲笑したり、それを人前で話したりするなどして高齢者に恥をかかせる ・怒鳴る、ののしる、悪口を言う ・侮辱を込めて、子どものように扱う ・高齢者が話しかけているのを意図的に無視する等
④性的虐待	高齢者にわいせつ行為をすること、またはわいせつ行為をさせること ・排泄の失敗に対して懲罰的に下半身を裸にして放置する ・キス、性器への接触、セックスを強要する等
⑤経済的虐待	高齢者の財産を不当に処分するなど、当該高齢者から不当に財産上の利益を得ること ・日常生活に必要な金銭を渡さない、使わせない ・本人の自宅等を本人に無断で売却する ・年金や預貯金を本人の意思・利益に反して使用する等

著者作成

3 身体拘束について

　介護保険の施行にあわせて始まった身体拘束の禁止への取組の内容は以下のとおりです。なお、身体拘束は、高齢者虐待にあたります。

①介護保険で想定する身体拘束
　・徘徊しないように、車いすやベッドに胴や手足をひも等で縛る
　・転落しないように、ベッドに胴や手足をひも等で縛る
　・自分で降りられないように、ベッドを柵（サイドレール）で囲む。
　・点滴・経管栄養等のチューブを抜かないように、手足をひも等で縛る。
　・点滴・経管栄養等のチューブを抜かないように、又は皮膚をかきむしらないように、手指の機能を制限するミトン型の手袋をつける。
　・車いすやいすからずり落ちたり、立ち上がったりしないように、Ｙ字拘束帯や腰ベルト、車いすテーブルをつける。
　・立ち上がる能力のある人の立ち上りを妨げるようないすを使用する。
　・脱衣やおむつ外しを制限するため、介護衣（つなぎ服）を着せる。
　・他人への迷惑行為を防ぐために、ベッドなどに胴や手足をひも等で縛る。
　・行動を落ち着かせるために、向精神薬を過剰に服用させる。
　・自分の意思で開けることのできない居室等に隔離する。

②やむを得ず身体拘束した場合の対応
　　やむを得ず身体拘束を行った場合の取り扱いは、指定基準で次のとおり定められています。常時身体拘束を行うことは、通常想定していません。
　・サービスの提供に当たっては、本人及び他の入所者等の生命又は身体を保護するため緊急やむを得ない場合を除き、身体的拘束を行ってはならない。
　・身体拘束を行う場合には、その態様及び時間、その際の入所者の心身の状況並びに緊急やむを得ない理由を記録しなければならない（２年間保存）。

やむを得ず身体拘束するときの要件（次のいずれにも該当した場合にのみ）
1　切迫性（緊急的に拘束が必要である。）
　・利用者本人又は他の利用者等の生命又は身体が危険にさらされる可能性が著しく高いとき
2　非代替性（他に方法が見つからない）
　・身体拘束その他の行動制限を行う以外に代替する方法がないこと
3　一時性（行動制限が一時的）
　・身体拘束その他の行動制限が一時的なものであること
※職員の対応が、身体拘束につながるケースの原因となってしまうこともあります。
　認知症ケアについての職員のスキルアップは必須です。

参考
関連
①児童虐待の防止等に関する法律（平成12年法律第82号）
②障害者虐待の防止、障害者の養護者に対する支援等に関する法律
（平成23年法律第79号）

4 成年後見制度と任意後見制度

1 成年後見制度の概要（図表3-7）
（民法第8～21条）

図表3-7●成年後見人制度の概要

		補助	保佐	後見
機関名	本人	被補助人	被保佐人	被後見人
	保護者	補助人	保佐人	後見人
	監督人	補助監督人	保佐監督人	後見監督人
開始要件	対象者	精神上の障害（認知症・知的障害・精神障害等）により、事理を弁識する能力が不十分な者	精神上の障害により、事理を弁識する能力が著しく不十分な者 ※事理弁識能力 ≒判断能力	精神上の障害により、事理を弁識する能力を常に欠く状況にある者
	鑑定の可否	原則、診断書等	原則として鑑定が必要	
開始手続	申し立てできる人	本人、配偶者、四親等内の親族、他の類型の保護者・監督人、検察官、任意後見受任者、任意後見人、任意後見監督人、区市町村長		
	本人の同意	必要	不要	
同意取消権	付与される範囲	特定の法律行為（申立ての範囲内）	民法第13条第1項各号が定める行為	日常生活に関する行為を除く行為
	本人の同意	必要	不要	
	取り消せる人	本人と補助人	本人と保佐人	本人と成年後見人
代理権	付与される範囲	特定の法律行為（申立ての範囲内）		財産に関するすべての行為
	本人の同意	必要		不要
保護者責務	職務	同意見・取消権・代理権の範囲内における本人の生活、療養監護及び財産に関する事務		本人の生活、療養監護及び財産に関する事務
	一般的な義務	本人の意思の尊重と本人の心身の状態及び生活の状況に配慮		

※成年：年齢18歳をもって、成年とする（令和4.4.1～）　　　　　　　　　　著者作成

2 成年後見制度における財産管理と身上監護のポイント

　成年後見人等の役割は、大きく「財産管理」と「身上監護」から成ります。財産管理は、本人の財産の維持管理を目的とする行為です。身上監護は、サービスの利用方式が「措置から契約へ移行」した介護保険制度の施行にあわせ新たに作られた仕組みで、本人に必要な衣食住等の生活に関する手配や療養・介護の手配など本人の身上に関するすべての行為が対象になります。

　申立人がいないときは、区市町村長が申し立てを行います。

3 任意後見制度（任意後見契約に関する法律 平成11年法律第150号）

　本人が十分な判断能力を有するうちに、将来判断能力が不十分になった場合に備えて、事前に自分で選んだ代理人（任意後見人）に、療養の監護や財産の管理についての代理権を与える制度です。自分の判断能力がなくなってからでは、誰が代理人になるか不透明なので、判断力があるうちに、代理人を決めることができる仕組みです。

　手続きは、公証人役場で公正証書を作成することが必要です。本人に後見人が必要となったときは、家庭裁判所は、後見監督人を選任して、任意後見人の業務を監督します（**図表3-8**）。その結果、不適切と認められる場合は、任意後見人の解任もありえます。

※成年後見制度は、財産管理等の生活全般の支援に関する契約等の法律行為の支援に対応し、「日常生活自立支援事業」（p116参照）は、福祉サービスの利用援助や日常的な金銭管理等に限定されています。

● 介護福祉経営士【基礎編Ⅰ】

4 成年後見制度の利用の促進に関する法律（平成28年法律第29号）の概要

第一条　この法律は、認知症、知的障害その他の精神上の障害があることにより財産の管理又は 日常生活等に支障がある者を社会全体で支え合うことが、高齢社会における喫緊の課題であり、かつ、共生社会の実現に資すること及び成年後見制度がこれらの者を支える重要な手段であるにもかかわらず十分に利用されていないことに鑑み、成年後見制度の利用の促進について、その基本理念を定め、国の責務等を明らかにし、及び基本方針その他の基本となる事項を定めること等により、成年後見制度の利用の促進に関する施策を総合的かつ計画的に推進することを目的とする。

第二章　基本方針　抄

第十一条　成年後見制度の利用者の権利利益の保護に関する国際的動向を踏まえるとともに、高齢者、障害者等の福祉に関する施策との有機的な連携を図りつつ、次に掲げる基本方針に基づき、推進

一　成年後見制度を利用し又は利用しようとする者の能力に応じたきめ細かな対応を可能とする観点から、成年後見制度のうち利用が少ない保佐及び補助の制度の利用を促進するための方策について検討を加え、必要な措置を講ずること

二　成年被後見人等の人権が尊重され、成年被後見人等であることを理由に不当に差別されないよう、成年被後見人等の権利に係る制限が設けられている制度について検討、必要な見直しを行うこと

三　医療、介護等を受ける意思を決定が困難なものが円滑に必要な医療、介護等を受けられるよう支援の在り方について、成年後見人等の事務の範囲を含め検討を加え、必要な措置を講ずること。

四　後見人等死亡後の事務が適切に処理されるよう後見人等の事務範囲の検討、必要な見直しを行うこと。

五　後見制度を利用しようとする者の自発的意思尊重の観点から、任意後見制度が積極的に活用されるよう、その利用状況を検証し、任

意後見制度が適切・安心して利用されるよう必要な制度整備その他
の必要な措置を講ずること。

六　成年後見制度に関し、国民に対する周知及び啓発のために必要
な措置を講ずること

七　制度が地域住民の需要に的確に対応するため、地域の後見制度の
利用需要の把握、地域住民への情報提供、相談実施及び助言、市町
村長による後見開始、保佐開始又は補助開始の審判の請求の積極的
な活用その他の必要な措置を講ずること。

八　地域において成年後見人等となる人材を確保するため、成年後見
人等又はその候補者に対する研修の機会の確保並びに必要な情報の
提供、相談の実施及び助言、成年後見人等に 対する報酬の支払の
助成その他の成年後見人等又はその候補者に対する支援の充実を図
るために必要な措置を講ずること。

九　略

十　後見人等の事務の監督並びに相談の実施及び助言その他の支援機
能の強化のため、家庭裁判所、関係行政機関及び地方公共団体にお
ける必要な人的体制の整備その他の必要な措置を講ずること。

十一　家庭裁判所、関係行政機関及び地方公共団体並びに成年後見人
等、成年後見等実施機関及び成年後見関連事業者の相互の緊密な連
携を確保するため、成年後見制度の利用に関する指針の策定その他
の必要な措置を講ずること。

問題 1 下記の選択肢①～⑤のうち、利用者を保護する仕組みについて、誤っているものを選びなさい。

[選択肢]

①介護保険法の施行により、サービスの利用の仕組みが措置制度（行政がサービス等を決定）から、利用者が事業者と直接契約を結びサービスを利用する制度に変更になったため、利用者を保護する仕組みが必要となった。

②介護保険法の中には、利用者の選択に役立つよう「事業者情報の公表」、全事業所を対象にサービスの質を評価する第三者サービス評価、および利用者の苦情に対応する苦情対応の仕組みがある。

③サービス利用についての苦情は、原則として利用している事業所もしくは都道府県の国保連が対応することになるが、居宅介護支援事業所や市町村でも一定の対応が得られる。

④介護保険は、利用者が事業者を選択し、事業者と対等の関係で契約し、サービスを利用する仕組みなので、利用者にも責任が求められることもある。

⑤サービスへの苦情の解決には、市町村よりも都道府県、都道府県よりも国に上げたほうが効果がある。

問題 2

下記の選択肢①～⑤のうち、高齢者虐待防止法に定める虐待について、誤っているものを選びなさい。

[選択肢]

①特別養護老人ホームやその他の施設で、理由もなく身体を拘束するのは、高齢者虐待防止法の「身体拘束」にあたる。

②心理的虐待の内容として、ののしる、悪口を言う以外にも、侮辱を込めて子どものように扱うことも含まれる。

③車いすに滑らないように革のベルトなどで固定し、長時間座らせっぱなしにすることは「高齢者の虐待」にあたる。

④高齢者が話しかけているのを意図的に無視することは、虐待にあたらない。

⑤日常的に必要な金銭を渡さないことは、経済的虐待にあたる。

問題 3

下記の選択肢①～⑤のうち、消費者契約法に関係する記述において、正しいものを選びなさい。

[選択肢]

①判断能力がない高齢者であっても、丁寧に説明すれば契約は有効になる。

②勧誘に際して、利用者の利益になることを告げ、不利益になることを告げずに利用者に間違って理解させた場合は、契約取り消し対象となる。

③物品等将来の価格、将来消費者が受け取るべき金額、その他将来における変動が不確実な事項につき、断定的判断を提供したときは、取り消し対象となる。

④取り消し対象となったとしても、その取り消しができる期間は、契約後8日以内である。

⑤重要事項について、事実と異なることを告げ、利用者の判断を誤らせた場合は、取り消し対象となる。

解答 1 ⑤

解説 1 現場に近く権限を有しているところのほうが、迅速な対応が可能であり、順番は逆となります。また都道府県国民健康保険団体連合会の苦情への対応や、社会福祉協議会の事業としての苦情対応もあります。

利用者が自分の意思で、事業者と契約を締結しサービスを利用する制度への転換は、それまでの行政がサービス事業者を選択し、決定する措置制度と比較し、利用者の自由度は増しますが、事業者の選択を間違った場合のリスクも背負うことになりました。自由と責任は表裏の関係にあります。ただ、何らかの介護を必要とする高齢者が、自分の意思でサービス事業者を選択し契約するとしたときに、情報がない、トラブルの解決の仕組みが不十分ということがあり、様々な利用者保護の仕組みが立ちあげられました。介護保険に関するものでいえば、①サービス事業者の情報を見ることができる仕組み（事業者情報の公開・開示）、②苦情への対応の仕組み、③質の確保のための「第三者によるサービス評価」等です。また、介護支援専門員によるケアマネジメントもその一種といえます。

そのほかも民法一部改正による成年後見制度創設、消費者契約法、社会福祉法改正等の法整備が行われました。

解答 2 ④

解説 2 ④は利用者とのコミュニケーションの拒否に当たります。虐待の種類としては、単なる無視なら「心理的虐待」、介護が必要なのに無視する場合は「ネグレクト（介護放棄）」に該当します。入所施設では身体拘束の禁止が特に強く求められていますが、やむをえず身体拘束を行う場合は、必要な理由、拘束する時間、そのときの高齢者の状態等を記録することとされています。理由がない拘束は禁止されていて、身体虐待にあたります。

また、よく高齢者を子どものように「○○ちゃん」と呼びかける場合がありますが、独立した人格を持ったひとりの大人としてみれば、通常あり得ないことです。高齢者の人格の否定にもつながり「心理的虐待」にあたります（＊人間関係ができていて、特定の人を愛称で呼ぶ場合は虐待にはあたりません。ただし、本人が嫌がったら虐待となります）。

長時間の車いすへの固定も身体拘束にあたり、虐待となります。

なお、疑問をもったら、自分が同様の状態になって２、３日暮らしてみると実感できます。

解答 3　②、③、⑤

解説 3　介護保険では、サービスの利用が措置から、利用者と事業者との間での契約に代わり、利用者も消費者として認識されるようになりました。介護保険制度と同時期に施行された消費者契約法は介護サービスの利用者も対象に含まれます。①は、そもそも判断能力がなければ、契約締結能力もなく、契約自体が成立しないことになります。この場合の法定代理の制度として成年後見制度があります。④は「特定商取引に関する法律」の訪問による契約等で、その契約が有効であったとしても、8日以内なら取り消しができるという規定です。ちなみに消費者契約法では、取消権は、「追認をすることができる時から6か月間行われないときは事項により消滅します。当該消費者契約締結の時から5年を経過したときも同様（同法7条第1項）」とされています。なお、同法8条には「事業者の損害賠償の責任を免除する条項の無効」として、該当項目が列記されています。

第**4**章
関連法令・制度

1 関連法令

1 関連法令

1 生活保護法の仕組み（図表4-1、4-2）
　（生活保護法 昭和25年法律第144号）

（1）2021年度生活保護基準額

図表4-1●生活扶助基準（令和2年10月〜1級地）　　　　　円

家族構成	三人世帯	母子二人世帯	高齢単身世帯
家族構成の例	33歳男、29歳女 4歳子	30歳女（就労）、4歳子、 2歳子	68歳女
生活扶助	146,800	144,800	76,880
母子加算	−	23,600	−
障害者加算	−	−	
児童養育加算	10,190	20,380	−
生活扶助　計	156,990	188,780	76.800
医療扶助	現物給付	現物給付	現物給付
住宅扶助	地域による	地域による	地域による

（2）生活保護の原理・原則および保護の種類

図表4-2●生活保護の原理・原則・種類

原理	①国家責任による最低限度の生活を保障 ②無差別平等の原理 ③最低限度の生活保障の原理 ④保護の補足性の原理
原則	①申請保護の原則 ②基準及び程度の原則 ③必要即応の原則 ④世帯単位の原則

保護の種類	①生活扶助 ②教育扶助 ③住宅扶助 ④医療扶助 ⑤介護扶助 ⑥出産扶助 ⑦生業扶助 ⑧葬祭扶助

著者作成

（3）申請窓口

居住地を管轄する福祉事務所となっています。通常は、申請後14日以内に却下を含む決定通知が行われます。

2 障害者総合支援法（障害者の日常生活及び社会生活を総合的に支援するための法律 平成17年法律第123号)

（1）目的

障害者基本法（昭和45年法律第84号）の基本的な理念にのっとり、

○身体障害者福祉法（昭和24年法律第283号)、

○知的障害者福祉法（昭和35法律第37号)、

○精神保健及び精神障害者福祉に関する法律（昭和25年法律第123号)、

○児童福祉法（昭和22年法律第164号)、

○その他障害者及び障害児の福祉に関する法律、

と相まって、障害者及び障害児の福祉の増進を図るとともに、障害の有無にかかわらず国民が相互に人格と個性を尊重し安心して暮らすことのできる地域社会の実現に寄与することを目的とする。

（2）障害福祉サービス

図表4-3●主なサービス　法5条関係

居宅介護	居宅において入浴、排せつ又は食事の介護等の便宜を供与する
重度訪問介護	重度の肢体不自由者等常時介護を要する者に、居宅等で入浴、排せつ又は食事の介護その他の便宜及び外出時の移動中介護を総合的に提供
同行援護	視覚障害により移動に著しい困難を有する障害者等に、外出時に同行し、移動に必要な情報提供、移動の援護等便宜を供与する
行動援護	知的障害又は精神障害により行動上著しい困難を有する障害者等で常時介護を要する者に、行動の際の危険回避のため必要な援護、外出時の移動中介護等の便宜を供与する
療養介護	「療養介護」とは常時介護を要する要医療障害者に、主として昼間、病院その他の施設で実施する機能訓練、療養上の管理、看護、医学的管理下の介護及び日常生活上の世話の供与をいい、「療養介護医療」とは、療養介護のうち医療に係るもの
生活介護	常時介護を要する障害者につき、主として昼間の障害者支援施設その他の施設において行われる入浴、排せつ又は食事の介護、創作的活動又は生産活動の機会の提供等の便宜を供与する
短期入所	居宅で介護を行う者の疾病等の理由により、障害者支援施設その他の施設への短期間の入所を必要とする障害者等に短期間入所をさせ、入浴、排せつ又は食事の介護等の便宜を供与する
重度障害者等包括支援	常時介護を要する障害者等で介護の必要性が著しく高い者に、居宅介護その他の厚生労働省令で定める障害福祉サービスを包括的に提供する
施設入所支援	施設に入所する障害者に、主として夜間において、入浴、排せつ又は食事の介護その他の便宜を供与する。
障害者支援施設	障害者に施設入所支援を行うとともに、施設入所支援以外の施設障害福祉サービスを行う施設
自立訓練	障害者に自立した日常生活又は社会生活を営めるよう、一定期間、身体機能又は生活能力向上のための必要な訓練その他の便宜を供与する
就労移行支援	就労を希望する障害者に、一定期間、生産活動等の活動機会提供を通じ、就労に必要な知識及び能力向上のための訓練その他の便宜供与する
就労継続支援	事業所雇用が困難な障害者に、就労の機会を提供するとともに、生産活動その他の活動機会の提供を通じ、その知識及び能力の向上のための必要な訓練等便宜を供与する
就労定着支援	就労支援として事業所に新規雇用された障害者に、一定期間、当該事業所での就労継続のために必要な事業主、障害福祉サービス事業者、医療機関その他の者との連絡調整等便宜を供与する
自立生活援助	施設入所支援又は共同生活援助を受けていた障害者等が居宅で自立した日常生活を営む上での問題につき、一定期間、定期的な巡回訪問、又は随時通報を受け、障害者の相談に応じ、必要な情報の提供及び助言等援助を行う
共同生活援助	障害者に、主として夜間、共同生活住居で相談、入浴、排せつ又は食事介護その他の日常生活上の援助を行うことをいう。

相談支援	基本相談支援、地域相談支援及び計画相談支援をいい、「地域相談支援」とは、地域移行支援及び地域定着支援をいい、「計画相談支援」とは、サービス利用支援及び継続サービス利用支援をいい、「一般相談支援事業」とは、基本相談支援及び地域相談支援のいずれも行う事業をいい、「特定相談支援事業」とは、基本相談支援及び計画相談支援のいずれも行う事業をいう。
地域移行支援	障害者支援施設、のぞみの園等に入所している障害者又は精神科病院に入院している精神障害者その他の地域における生活に移行するために重点的な支援を必要とする者で、住居の確保その他の地域における生活に移行するための活動に関する相談等の便宜を供与する
地域定着支援	居宅で単身等状況下生活する障害者に、常時の連絡体制を確保し、障害の特性に起因して生じた緊急の事態等に相談その他の便宜を供与する
補装具	障害者等の身体機能を補完し、又は代替し、かつ、長期間にわたり継続して使用されるもの等、義肢、装具、車いすその他の厚生労働大臣が定めるものをいう。

3 障害者差別解消法（障害を理由とする差別の解消の推進に関する法律 平成25年法律第65号）

（目的）
第一条　この法律は、障害者基本法の基本的な理念にのっとり、全ての障害者が、障害者でない者と等しく、基本的人権を享有する個人としてその尊厳が重んぜられ、その尊厳にふさわしい生活を保障される権利を有することを踏まえ、障害を理由とする差別の解消の推進に関する基本的な事項、行政機関等及び事業者における障害を理由とする差別を解消するための措置等を定めることにより、障害を理由とする差別の解消を推進し、もって全ての国民が、障害の有無によって分け隔てられることなく、相互に人格と個性を尊重し合いながら共生する社会の実現に資することを目的とする
（定義）
第二条　この法律において、次の各号に掲げる用語の意義は、それぞれ当該各号に定めるところによる。
一　障害者　身体障害、知的障害、精神障害（発達障害を含む。）その他の心身の機能の障害がある者であって、障害及び社会的障壁により継続的に日常生活又は社会生活に相当な制限を受ける状態にあるものをいう。
二　社会的障壁　障害がある者にとって日常生活又は社会生活を営む上で障壁となるような社会における事物、制度、慣行、観念その他一切のものをいう。
三　行政機関等　国の行政機関、独立行政法人等、地方公共団体 及び地方独立行政法人をいう。
四　国の行政機関　次に掲げる機関をいう　以下略

※　参考　障害者基本法（昭和45年法律第84号）

（目的）
第一条　この法律は、全ての国民が、障害の有無にかかわらず、等しく基本的人権を享有するかけがえのない個人として尊重されるものであるとの理念にのっとり、全ての国民が、障害の有無によって分け隔てられることなく、相互に人格と個性を尊重し合いながら共生する社会を実現するため、障害者の自立及び社会参加の支援等のための施策に関し、基本原則を定め、及び国、地方公共団体等の責務を明らかにするとともに、障害者の自立及び社会参加の支援等のための施策の基本となる事項を定めること等により、障害者の自立及び社会参加の支援等のための施策を総合的かつ計画的に推進することを目的とする。

（地域社会における共生等）
第三条
（略）
　　一　全て障害者は、社会を構成する一員として社会、経済、文化その他あらゆる分野の活動に参加する機会が確保されること。
　　二　全て障害者は、可能な限り、どこで誰と生活するかについての選択の機会が確保され、地域社会において他の人々と共生することを妨げられないこと。
　　三　全て障害者は、可能な限り、言語（手話を含む。）その他の意思疎通のための手段についての選択の機会が確保されるとともに、情報の取得又は利用のための手段についての選択の機会の拡大が図られること。

4　民生委員法（昭和23年法律第百198号）

第十四条　民生委員の職務は、次のとおりとする。
　一　住民の生活状態を必要に応じ適切に把握しておくこと。
　二　援助を必要とする者がその有する能力に応じ自立した日常生活を営むことができるように生活に関する相談に応じ、助言その他の援助を行うこと。
　三　援助を必要とする者が福祉サービスを適切に利用するために必要な情報の提供その他の援助を行うこと。
　四　社会福祉を目的とする事業を経営する者又は社会福祉に関する活動を行う者と密接に連携し、その事業又は活動を支援すること。
　五　社会福祉法に定める福祉に関する事務所（以下「福祉事務所」という。）その他の関係行政機関の業務に協力すること。
　2　民生委員は、前項の職務を行うほか、必要に応じて、住民の福祉の増進を図るための活動を行う。

参考　民生委員と児童委員について

○　児童福祉法（昭和22年12月12日）（法律第164号）―抜粋―

第十六条　市町村の区域に児童委員を置く。

（2）　民生委員法による民生委員は、児童委員に充てられたものとする

（3）（4）　略

第十七条　児童委員は、次に掲げる職務を行う。

　一　児童及び妊産婦につき、その生活及び取り巻く環境の状況を適切に把握しておくこと

　二　児童及び妊産婦につき、その保護、保健その他福祉に関し、サービスを適切に利用するために必要な情報の提供その他の援助及び指導を行うこと

　三　児童及び妊産婦に係る社会福祉を目的とする事業を経営する者又は児童の健やかな育成に関する活動を行う者と密接に連携し、その事業又は活動を支援すること

　四　児童福祉司又は福祉事務所の社会福祉主事の行う職務に協力すること

　五　児童の健やかな育成に関する気運の醸成に努めること

　六　前各号に掲げるもののほか、必要に応じて、児童及び妊産婦の福祉の増進を図るための活動を行うこと

5 年金制度（図表4-4）

（1）制度の概要（2020〔令和2〕年末現在）

図表4-4●年金制度の概要

名称・根拠法		対象者・加入者数 （2019.3末）	保険料・ 保険料率	給付
国民年金 ・国民年金法 （1959年4月）		①第1号被保険者　約1,453万人日本国内に住所を有する20歳以上60歳未満の自営業者等 ②第2号被保険者　約4,488万人被用者年金制度の被保険者、組合員 ③第3号被保険者　約820万人②の被保険者の被扶養配偶者で20歳以上60歳未満の者	第1号被保険者 月額 16,540円 付加給付 400円	老齢基礎年金年額（満額） 781,700円 （2020年度）
厚生年金 ・厚生年金保険法 （1954年5月）		民間サラリーマン（70歳未満・船員を含む）4,037万人	一般男子 18.300% 坑内員・船員 18.300%	老齢基礎年金 ＋ 老齢厚生年金
被用者年金一元化法（平成27年10月1日）	国家公務員共済	国家公務員　108万人	18.300%	老齢基礎年金 ＋ 退職共済年金 ＋ 退職厚生年金※
	地方公務員共済	地方公務員　288万人	18.300%	
	私立学校教職員共済	私立学校教職員　57万人	15.327%	

※平成27年10月以降、共済組合等の長期給付は厚生年金となったため、それ以前の共済年金と合算されて給付される
（厚生年金・共済年金の保険料率は使用者分を含む）

6 医療保険制度（図表4-5）

（1）制度の概要（2020〔令和2〕年9月現在）

図表4-5●医療保険制度の概要

制度名			保険者 （2019.3末）	加入者数 （2019.3末）	医療給付	
					一部負担	入院時 食事療養費
健康保険	一般使用者	協会けんぽ	全国健康保険協会	3,940万人	①3割 ただし、 ②義務教育就学前は2割 ③70歳以上75歳未満は2割（現役並み所得者は3割） ※平成26年3月末までにすでに70歳に達している者　1割	（標準負担額） ①一般 　1食460円 ②低所得者 ・90日目まで 　1食210円 ・91日目から 　1食160円 ③特に所得の低い低所得者 　1食100円
		組合	健康保険組合1,394	2,954万人		
	健康保険法第3条第2項被保険者		全国健康保険協会	1.7万人		
船員保険			全国健康保険協会	11.9万人		
各種共済	国家公務員		共済組合	870万人		
	地方公務員		共済組合			
	私立学校教員		事業団			
国民健康保険	農業者 自営業者		市町村1,716	市町村30,126人 国保組合281万人		
			国保組合163			
	被用者保険の退職者		市町村1,716			

根拠法：「健康保険法（1922.4）」、「国民健康保険法（1958.12）」

7 後期高齢者医療制度（図表4-6）

（1）制度の概要

図表4-6●後期高齢者医療制度の概要

制度名	保険者 （2016.3末）	加入者数 （2016.3末）	医療給付	
			一部負担	入院時食事療養費
後期高齢者医療制度（長寿医療制度）	（運営主体）後期高齢者医療広域連合（47広域連合）	1,718万人 （H31.3末）	1割 （現役並み所得者は3割）	●図表4-5の医療保険制度と同じ

8 高額療養費等

（1）高額療養費（2018〔平成30〕年8月以降）

　1か月に同一医療機関で支払った自己負担額（入院時食事負担等を除く）の合計が**図表4-7**の限度額を超えた場合に、申請により高額療養費として払い戻しされます。ただし、入院の場合の高額療養費は現物給付されます。

図表4-7●高額療養費の自己負担限度額

①70歳未満の者

所得区分	高額療養費の自己負担限度額
	多数該当（月4回以上）の場合の限度額
年収約1,160万円～	252,600円＋（医療費－842,000円）×1%
	141,100円
年収約770～約1,160万円	167,400円＋（医療費－558,000円）×1%
	93,000円
年収約370～約770万円	80,100円＋（医療費－267,000円）×1%
	44,400円
年収約156～370万円	57,600円
	44,400円
住民税非課税	35,400円
	24,600円

②70歳以上の者

所得区分		外来（個人ごと）	高額療養費の自己負担限度額（世帯ごと）／多数該当（月4回以上）の場合の限度額
現役並み	年収約1,160万円～	252,600円＋（医療費－842,000円）×1%／141,100円	
	年収約770～約1,160万円	167,400円＋（医療費－558,000円）×1%／93,000円	
	年収約370～約770万円	80,100円＋（医療費－267,000円）×1%／44,400円	
一般	年収約156～370万円	18,000円（年間上限14万4千円）	57,600円／44,400円
住民税非課税等	住民税非課税世帯	8,000円	24,600円／－
	住民税非課税世帯（年金収入80万円以下など）		15,000円／－

②75歳以上の者

所得区分		外来（個人ごと）	高額療養費の自己負担限度額（世帯ごと）／多数該当（月4回以上）の場合の限度額
現役並み	年収約1,160万円～	252,600円＋（医療費－842,000円）×1％／141,100円	
	年収約770～約1,160万円	167,400円＋（医療費－558,000円）×1％／93,000円	
	年収約370～約770万円	80,100円＋（医療費－267,000円）×1％／44,400円	
一般	年収約156～370万円	18,000円（年間上限14万4千円）	57,600円／44,400円
住民税非課税等	住民税非課税世帯	8,000円	24,600円／－
	住民税非課税世帯（年金収入80万円以下など）		15,000円／－

（2）高額医療・高額介護合算療養費制度の自己限度額

医療保険の「高額療養費」と介護保険の「高額サービス費」について両方の自己負担限度額が年額で一定限度を超えた場合、超えた分が「高額療養費合算療養費」として払い戻されます（**図表4-8**）。

図表4-8●高額療養費合算療養費

加入している保険		75歳以上の世帯	70歳～74歳の世帯	70歳未満の世帯
		長寿医療制度＋介護保険	健康保険または国民健康保険など＋介護保険	健康保険または国民健康保険など＋介護保険
現役並み	年収約1,160万円～	212万円	212万円	212万円
	年収770万～1,160万円	141万円	141万円	141万円
	年収370万～770万円	67万円	67万円	67万円
一般	年収約156万～370万円	56万円	56万円	60万円
市町村民税世帯非課税		31万円	31万円	34万円
市町村民税世帯非課税（所得が一定以下）		19万円※	19万円※	34万円

※介護サービス利用者が世帯内に複数いる場合は31万円

　対象となる世帯に70歳～74歳の方と70歳未満の人が混在する場合は、まずは70歳～74歳の方に係る自己負担の合算額に、70歳～74歳の区分の自己負担限度額が適用され（70歳～74歳の方について医療と介護の両方の負担が生じている場合に限る）、上記でなお残る負担額と、70歳未満の者に係る自己負担の合算額とを合算した額に

70歳未満の区分の自己負担限度額が適用され、算出した額の合計額がその世帯の支給額となります。

9 労働者災害補償保険制度（労働者災害補償保険法1947〔昭和22〕年4月）（図表4-9）

（1）制度の概要

図表4-9●労働者災害補償保険制度の概要

対象等		一般被用者（30年度末の対象人員　5,957万人）（経営主体：国）
財源	保険料	事業の種類に応じて、賃金総額の0.25〜8.8％徴収（平成30年度）
	その他	一部国庫補助
負傷・疾病		療養補償給付（療養給付）、休業補償給付（休業給付）、休業特別支給金
傷病		傷病補償年金、傷病特別支給金、傷病特別年金
障害	年金	障害補償年金（障害年金）、障害特別支給金、障害特別年金
	一時金	障害補償一時金、障害特別支給金、障害特別一時金
遺族	年金	遺族補償年金（障害年金）、遺族特別年金、遺族特別支給金
	一時金	遺族補償一時金、遺族特別支給金、遺族特別一時金
介護関係		介護補償給付（介護給付）
葬祭関係		葬祭料（葬祭給付）
二次健康診断		二次健康診断等給付、特定保健指導
社会復帰促進等事業		義肢等の支給等

10 雇用保険制度（雇用保険法1974〔昭和49〕年12月）（図表4-10）

（1）制度の概要

図表4-10●雇用保険制度の概要

対象	内容			
	一般被用者	短期雇用者	高年齢雇用者	日雇労働者
保険者	国			
対象人員	4,074万人（平成30年度末）			7,272人

対象	内容			
	一般被用者	短期雇用者	高年齢雇用者	日雇労働者

財源

保険料率

	一般の事業	農林水産・清酒製造事業	建築事業	
本人	3/1000	4/1000	4/1000	1級176円 2級146円 3級96円
使用者	6/1000	7/1000	8/1000	
計	9/1000	11/1000	12/1000	

国庫負担：略

失業等給付

求職者給付

基本手当

①受給要件：離職の日以前2年間に被保険者期間が12月以上（倒産・解雇等による場合は、離職の日以前1年間に被保険者期間が6月以上であっても可）
②日額：前職賃金（賞与を除く）の5割〜8割（60以上65歳未満の者については4.5割〜8割）
◇倒産・解雇等以外の事由による離職者

	被保険者であった期間				
	1年未満	1年以上 5年未満	5年以上 10年未満	10年以上 20年未満	20年以上
一般被保険		90日		120日	150日

◇倒産・解雇による離職者：略
◇就職困難者：略

技能習得手当
受講手当：日額500円
通所手当：42,500円を限度に交通費の実費

寄宿手当
月額10,700円

傷病手当
基本手当日額と同じ額

就職促進給付
①就業促進手当
　(1)就業手当：就業日毎に基本手当日額の30%
　(2)再就職手当
　(3)常用就職支度手当
②移転費：鉄道賃、船賃、車賃、航空費、移転料、着後手当
③広域就職活動費：鉄道賃、船賃、航空賃、車賃、宿泊料

教育訓練給付
①受給要件：被保険者等が一定の教育訓練を受け、かつその教育訓練を終了した場合
②支給費：労働者が負担した教育訓練の入学と受講費用の20%

雇用継続給付
①高年齢雇用継続給付
②介護休業給付
③育児休業給付

※（2）令和2年の雇用保険法等の改正の主な内容

①65歳以上の複数就業者に対する雇用保険の適用（令和4年1月〜）、
②高年齢雇用継続給付の縮小及び70歳までの就業確保措置（定年引

上げ、継続雇用制度導入、労使合意の上で社会貢献活動に従事可能）等により70歳までの就業支援（令和3年4月～）、③基本手当受給資格要件の被保険者期間算定見直し（令和2年8月～）、④育児休業給付について失業給付と別の給付体系への位置付け（令和2年4月～）、⑤雇用保険料率及び国庫負担引下げ暫定措置の継続（令和2年4月～）

※　雇用保険法等の一部を改正する法律（令和2年法律第14号）から

---

11 サービス付き高齢者向け住宅
高齢者の居住の安定確保に関する法律（平成13法律第26号）

（1）概要

　施設から在宅への流れが加速するなかで、施設整備以上に、高齢者向け住宅の拡充が図られています。令和3年4月現在、その数は7,890棟267,151戸となり増え続けています。今後とも、社会保障費縮減、在宅生活推進の流れで、多様な住まい方が可能となる高齢者向けの「住まい・住宅提供」は進むものと思われます。

　しかし、その一方で、入居者に対する福祉サービスが過剰になっている例があるとのことで、国はその是正に取り組み始めています。今後とも、戸数は増加するものと思われますが、福祉サービスの理念との調和が強く求められています。

　簡単に「住まい法」の規定について法律および国土交通省令についてみてみます。

★高齢者住まい法の規定

> （目的）
> 第一条　この法律は、高齢者が日常生活を営むために必要な福祉サービスの提供を受けることができる良好な居住環境を備えた高齢者向けの賃貸住宅等の登録制度を設けるとともに、良好な居住環境を備えた高齢者向けの賃貸住宅の供給を促進するための措置を講じ、併せて高齢者に適した良好な居住環境が確保され高齢者が安定的に居住することができる賃貸住宅について終身建物賃貸借制度を設ける等の措置を講ずることにより、高齢者の居住の安定の確保を図り、もってその福祉の増進に寄与することを目的とする。
> （都道府県高齢者居住安定確保計画）
> 第四条　都道府県は、「都道府県高齢者居住安定確保計画」を定めることができる。
> （サービス付き高齢者向け住宅事業の登録）
> 第五条
> 　登録は、五年ごとにその更新を受けなければ、その効力を失う。

★建物の基準

高齢者の居住の安定確保に関する法律施行規則（平成13年国土交通省令第115号）

> （定義）
> 第一条
> イ　外壁及び軒裏は　防火構造。
> ロ　屋根は、建築基準法施行令に掲げる技術的基準に適合。
> ハ　天井及び壁の室内に面する部分は、通常の火災時の加熱に十五分間以上耐える性能を有するもの
> ニ　住宅の各部分が、防火上支障のない構造。
> （法第四条第四項の国土交通省令で定める基準）
> 第二条
> 一　床は、原則として段差のない構造
> 二　主たる廊下幅は78cm以上、居室出入口の幅は75cm以上
> 三　浴室及び階段に、手すりの設置
> （規模及び設備の基準）
> 第三条
> 一　各戸の床面積は25㎡（居間、食堂、台所等高齢者が共同利用するため十分な面積を有する場合18㎡）以上
> 二　原則として、各戸が台所、水洗便所、収納設備、洗面設備及び浴室を備えたもの。ただし、同等以上の居住環境が確保される場合は、各戸が台所、収納設備又は浴室を備えたものであることを要しないものとすることができる。

（2）賃貸条件の制限等

> 第十一条　地方公共団体等は、毎月その月分の家賃を受領すること、終身にわたって受領すべき家賃の全部又は一部を前払金として一括して受領すること（法第五十二条の認可を受けた場合に限る。）及び家賃の三月分を超えない額の敷金を受領することを除くほか、賃借人から権利金、謝金等の金品を受領し、その他賃借人の不当な負担となることを賃貸の条件としてはならない
> ※このほか、長期入院を理由にした一方的解約等について制限があります。

問題 **1** 下記の選択肢①〜⑤のうち、生活保護の記述において、正しいものを選びなさい。

[選択肢]

①生活保護を受給していると、介護保険のサービスは利用できない。

②生活保護を実施する行政機関は福祉事務所である。

③生活に困っている人がいたら、介護支援専門員(ケアマネジャー)は、利用者に代わって生活保護の申請ができる。

④東京23区内に居住する単身の高齢者(68歳)の生活保護の基準は、生活費として約7万9,790円、家賃の上限が約5万3,700円で、その他に必要があれば、医療費や介護保険の利用料負担が給付される。

⑤生活保護法は憲法25条に定められた「生存権保障」を具体化した法律である。

 問題 **2** 下記の選択肢①〜⑤のうち、高齢者住まい法(高齢者の居住の安定確保に関する法律)についての記述で、誤っているものを選びなさい。

[選択肢]

①高齢者住まい法を改正し、「サービス付き高齢者向け住宅」の登録制度が新たに設けられたが、その趣旨は、施設から在宅へとノーマライゼーションの推進にあたって、高齢者の安定した居住の場の確保が必要となったことによる。

②サービス付き高齢者向け住宅には、必要に応じて24時間の「定期巡回・随時対応型訪問介護看護サービス」等が連携して、入居者を支援する仕組みがついている。

③個室の面積は原則25㎡以上とされているが、他に収納設備があれば、そこにはなくてもよい。

④サービス付き高齢者向け住宅には、「相談と見守り機能」は必ずついている必要がある。

⑤サービス付き高齢者向け住宅は、施設ではなく「住宅」である。

解答 1　②、④、⑤

解説 1　①は誤り。ただし、在宅での利用は問題ありませんが、自己負担が大きくかかる施設の場合は利用が難しい場合もあります。一般にグループホーム等の場合、生活扶助費と住宅扶助費の枠内で対応するところが大半です。一方、それを逆手にとり、生活保護受給者を低劣な住宅に集め貧困ビジネスまがいのことを行う事業者も一部います。②各市には福祉事務所が設置されています。町村部は福祉事務所の設置義務がなく、設置していない町村では県の福祉事務所が対応します。③保護の申請は「本人、扶養義務者又は同居の親族（法7条）」となっていて、介護支援専門員には申請に関する代理権はありません。ただし、物理的に申請が困難な場合等その旨を連絡すれば、「職権による保護の開始（同25条）」という方法もあります。

解答 2　③

解説 2　①は、施設等のケアから在宅ケアへの転換・推進を図るため在宅での生活の場の確保が必要となり、グループホームや小規模多機能生活介護等居宅系サービスの推進とともに新たに創設されるに至りました。②は、施設の機能を在宅でも展開するために、新たに設けられたサービスで、サービス付き高齢者向け住宅との連携が強く求められています。③原則25㎡以上が最低基準となっていて、その場合は台所、水洗便所、収納設備、浴室の設置が必須となっています。ただし、18㎡の居室について、居間、台所、食堂等が十分の使い勝手を有している場合には、それらがなくてもよいとされていますが、収納設備は必要とされています。④施設と同様のサービスを地域の中で完結させるという考え方で、サービス付き高齢者向け住宅が考案され、医療や看護・介護は外付けで担っていますが、相談・見守りは設置が必須とされています。⑤施設ではなく、住宅です。それゆえ、入居者への支援は、住宅に住む利用者への支援となりますが、取り違えると施設的ケアを入れてしまうリスクがあります。

第**5**章

その他の関連情報

1 その他の関連事項

1 その他の関連事項

1 介護福祉士等による痰の吸引（社会福祉士及び、介護福祉士法の一部改正）

（1）趣旨

　介護福祉士及び一定の研修を受けた介護職員等は、一定の条件の下に痰の吸引等の行為を実施できることとする（認定特定行為業務従事者）。

（2）実施可能な行為

　痰の吸引その他の日常生活を営むのに必要な行為であって、医師の指示の下に行われるもの。

※保健師助産師看護師法の規定にかかわらず、診療の補助として痰の吸引等を行うことを業とすることができる。

※具体的な行為については省令で定める。

・痰の吸引（口腔内、鼻腔内、気管カニューレ内部）

・経管栄養（胃ろう、腸ろう、経鼻経管栄養）

（3）介護職員等の範囲

・介護福祉士

　具体的な養成カリキュラムは省令で定める。

・介護福祉士以外の介護職員等

　一定の研修を修了した者を都道府県知事が認定。認定証の交付事務は都道府県が登録研修機関に委託可能。

（4）登録研修機関

・痰の吸引等の研修を行う機関を都道府県知事に登録（全ての要件に適合している場合は登録）。

（5）実施時期および経過措置

・2012（平成24）年4月1日実施。

・現在、一定の条件の下に痰の吸引等の業務に従事している者が、新制度の下でも実施できる経過措置である。

2　福祉用具貸与計画の作成の義務付け（2012〔平成24〕年度制度改正関連）

「介護保険法施行規則等の一部を改正する省令（厚生労働省令第三〇号、平24.3.13）」で「指定居宅サービス等の事業の人員、設備及び運営に関する基準」の、福祉用具貸与および販売に係る「計画作成」が義務づけられた。

福祉用具貸与計画の作成

第199条の2　福祉用具専門相談員は、利用者の希望、心身の状況及びその置かれている環境を踏まえ、指定福祉用具貸与の目標、当該目標を達成するための具体的なサービスの内容等を記載した福祉用具貸与計画を作成しなければならない。この場合において、指定特定福祉用具販売の利用があるときは、第214条の2第1項に規定する特定福祉用具販売計画と一体のものとして作成されなければならない。

2　福祉用具貸与計画は、既に居宅サービス計画が作成されている場合は、当該居宅サービス計画の内容に沿って作成しなければならない。

3　福祉用具専門相談員は、福祉用具貸与計画の作成に当たっては、その内容について利用者又はその家族に説明し、利用者の同意を得なければならない。

4　福祉用具専門相談員は、福祉用具貸与計画を作成した際には、当該福祉用具貸与計画を利用者に交付しなければならない。

5　福祉用具専門相談員は、福祉用具貸与計画の作成後、当該福祉用具貸与計画の実施状況の把握を行い、必要に応じて当該福祉用具貸与計画の変更を行うものとする。

6　第1項から第4項までの規定は、前項に規定する福祉用具貸与計画の変更に準用する。

特定福祉用具販売計画の作成

第214条の2　福祉用具専門相談員は、利用者の心身の状況、希望及びその置かれている環境を踏まえて、指定特定福祉用具販売の目標、当該目標を達成するための具体的なサービスの内容等を記載した特定福祉用具販売計画を作成しなければならない。この場合において、指定福祉用具貸与の利用があるときは、第199条の2第1項に規定する福祉用具貸与計画と一体のものとして作成されなければならない。

> 2　特定福祉用具販売計画は、既に居宅サービス計画が作成されている場合は、当該居宅サービス計画の内容に沿って作成しなければならない。
> 3　福祉用具専門相談員は、特定福祉用具販売計画の作成に当たっては、その内容について利用者又はその家族に対して説明し、利用者の同意を得なければならない。
> 4　福祉用具専門相談員は、特定福祉用具販売計画を作成した際には、当該特定福祉用具販売計画を利用者に交付しなければならない。

　2018（平成30）年度の改正では福祉用具貸与の価格の上限設定等について見直しが行われました。これは、徹底的な見える化を通じて貸与価格のばらつきを抑制し、適正価格での貸与を確保することを目的としています。主な改正内容は以下の通り。

・全国平均貸与価格についての説明義務（指定居宅サービス等の事業の人員、設備及び運営に関する基準第199条関係）
・機能や価格帯の異なる複数の福祉用具に関する情報の提供義務（同基準第199条関係）
・福祉用具貸与計画の交付の範囲を介護支援専門員にまで拡大（同基準第199条の2関係）

3　住宅改修費の取り扱い

1　住宅改修費

　住宅改修を巡っては悪質なリフォーム業者による不要・過剰な工事等による高齢者への被害が報道されています。平成18年度改正でそのような被害や不要な工事の防止を狙いとして、事前に市町村に届け出る事前申請制度への改正が行われました。具体的流れは以下の通りです。

住宅改修について、ケアマネジャー等に相談

（申請書類又は書類の一部提出・確認）
　利用者は、支給申請等を保険者に提出し、保険者は提出書類等により、保険給付が適正な改修であるかについて確認
【提出書類】
①支給申請書　　　　②住宅改修が必要である旨を記した理由書
②工事費見積書　　　④住宅改修完成予定の状態がわかるもの（写真又は図）

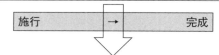

施行　　　→　　　　完成

（住宅改修の支給申請・決定）
　工事終了後、領収書等を保険者に提出し「正式な支給申請」となる。保険者は、事前の提出書類との確認、工事の実施を確認し、必要性を認めた場合は、住宅改修費を支給する。
【提出書類】
①住宅改修に要した費用の領収書　　　②工事費内訳書
③住宅改修の完成後の状態を確認できる書類（便所、浴室、老化等箇所毎の改修前・後の写真で、原則として撮影日が分かるもの）
④住宅の所有者の承諾書（改修を行うのが所有者でないとき）

2　介護給付の対象となる住宅改修の範囲設定の考え方

①住宅改修の実例をみると、便所、浴室、寝室、廊下、玄関などの改修箇所にかかわらず、手すりの設置、段差の改修等の例が多く、このほかドアの引き戸化、便所では洋式便器化、浴室では滑り止めや床材の変更の例が共通して見られる。

②住宅改修の実例、及び給付の対象を小規模なものにせざるを得ない制約等を勘案し、保険給付の対象とする住宅改修の範囲は、共通して需要が多くかつ比較的小規模な工事とする。

（住宅改修の範囲）

　次に掲げる工事を包含して、1種類とする。

①手すりの取り付け

②床段差の解消（三角材・小踏み台の設置、敷居の平滑化・交換等）

③引き戸への扉の交換　　④　洋式便器等への便器の取り替え

⑤上記の各工事に附帯して必要な工事

（手すりの取り付けのための壁下地補強、便器取り替えに伴う便所床の改修等）

※上記工事種別のうち、標準的には①及び②の２つを組み合わせた改修が行われる事を想定している。

※2018（平成30）年度からは、見積書の様式は国が示すものの使用が義務づけられた。

（平成18年及び平成30年３月全国介護保険担当課長会資料から）

4 障害高齢者の日常生活自立度（図表５−１）

（1）概要

図表5−1●障害高齢者の日常生活自立度

区分	ランク		内容
生活自立	J		何らかの障害等を有するが、日常生活はほぼ自立しており独力で外出する
		J−1	交通機関等を利用して外出する
		J−2	隣近所なら外出する
準寝たきり	A		屋内での生活は概ね自立しているが、介助なしには外出しない
		A−1	介助により外出し、日中はほとんどベッドから離れて生活する
		A−2	外出の頻度が少なく、日中も寝たり起きたりの生活をしている
寝たきり	B		屋内での生活は何らかの介助を要し、日中もベッド上での生活が主体であるが座位を保つ
		B−1	車いすに移乗し、食事・排せつはベッドから離れて行う
		B−2	介助により車いすに移乗する
	C		１日中ベッド上で過ごし、排せつ、食事、着替えで介助を要する
		C−1	自力で寝返りをうつ
		C−2	自力では寝返りもうてない

出所：厚生労働省通知から作成

（2）考え方

【ランクＪ】

　何らかの身体的障害等を有するが、日常生活はほぼ自立し、一人で

外出する者が該当する。　なお"障害等"とは、疾病や傷害及びそれらの後遺症あるいは老衰により生じた身体機能の低下をいう。

　Ｊ－１はバス、電車等の公共交通機関を利用して積極的にまた、かなり遠くまで外出する場合が該当する。

　Ｊ－２は隣近所への買い物や老人会等への参加等、町内の距離程度の範囲までなら外出する場合が該当する。

【ランクＡ】

「準寝たきり」に分類され、「寝たきり予備軍」ともいうべきグループであり、いわゆるhouse-bound に相当する。屋内での日常生活活動のうち食事、排泄、着替に関しては概ね自分で行い、留守番等をするが、近所に外出するときは介護者の援助を必要とする場合が該当する。

　なお"ベッドから離れている"とは"離床"のことであり、ふとん使用の場合も含まれるが、ベッドの使用は本人にとっても介護者にとっても有用であり普及が図られているところでもあるので、奨励的意味からベッドという表現を使用した。

　Ａ－１は寝たり起きたりはしているものの食事、排泄、着替時はもとより、その他の日中時間帯もベッドから離れている時間が長く、介護者がいればその介助のもと、比較的多く外出する場合が該当する。

　Ａ－２は日中時間帯、寝たり起きたりの状態にはあるもののベッドから離れている時間の方が長いが、介護者がいてもまれにしか外出しない場合が該当する。

【ランクＢ】

「寝たきり」に分類されるグループであり、いわゆるchair-boundに相当する。Ｂ－１とＢ－２とは座位を保つことを自力で行うか介助を必要とするかどうかで区分する。　日常生活活動のうち、食事、排泄、着替のいずれかにおいては、部分的に介護者の援助を必要とし、１日の大半をベッドの上で過ごす場合が該当する。排泄に関しては、夜間のみ"おむつ"をつける場合には、介助を要するものとはみなさない。なお、"車いす"は一般のいすや、ポータブルトイレ等で読み替えても

差し支えない。

　B－1は介助なしに車いすに移乗し食事も排泄もベッドから離れて行う場合が該当する。

　B－2は介助のもと、車いすに移乗し、食事または排泄に関しても、介護者の援助を必要とする。

【ランクC】

　ランクBと同様、「寝たきり」に分類されるが、ランクBより障害の程度が重い者のグループであり、いわゆるbed-boundに相当する。日常生活活動の食事、排泄、着替のいずれにおいても介護者の援助を全面的に必要とし、1日中ベッドの上で過ごす。

　C－1はベッドの上で常時臥床しているが、自力で寝返りをうち体位を変える場合が該当する。

　C－2は自力で寝返りをうつこともなく、ベッド上で常時臥床している場合が該当する。

5 認知症高齢者の日常生活自立度（図表5-2）

（1）概要

図表5-2●認知症高齢者の日常生活自立度

	判断基準		見られる症状・行動の例
I	何らかの認知症を有するが、日常生活は家庭内及び社会的に、ほぼ自立している。		
II	日常生活に支障を来すような症状・行動や意思疎通の困難さが多少見られても、誰かが注意していれば自立できる。		
		IIa：家庭外で上記IIの状態が見られる。	たびたび道に迷うとか、買物や事務、金銭管理等それまでできたことにミスが目立つ等
		IIb：家庭内でも上記IIの状態が見られる。	服薬管理ができない、電話の応対や訪問者との対応など1人で留守番ができない等
III	日常生活に支障を来すような症状・行動や意思疎通の困難さが見られ、介護を必要とする。		
		IIIa：日中を中心として、上記IIIの状態が見られる。	着替え、食事、排便、排尿が上手にできない、時間がかかる。やたらに物を口に入れる、物を拾い集める、徘徊、失禁、大声、奇声をあげる、火の不始末、不潔行為、性的異常行為等
		IIIb：夜間を中心として上記IIIの状態が見られる。	ランクIIIaに同じ
IV	日常生活に支障を来すような症状・行動や意思疎通の困難さが頻繁に見られ、常に介護を必要とする。		ランクIIIに同じ
M	著しい精神症状や周辺症状あるいは重篤な身体疾患が見られ、専門医療を必要とする。		せん妄、妄想、興奮、自傷・他害等の精神症状や精神症状に起因する周辺症状が継続する状態等

出所：厚生労働省通知から作成

6 福祉サービス利用援助事業（日常生活自立支援事業／社会福祉法第81条）（図表5-3）

（1）福祉サービス利用援助事業（日常生活自立支援事業）のサービス（東京都社会福祉協議会の例）

①基本サービス～福祉サービスの利用援助～

・福祉サービスを利用する、または利用をやめるために必要な手続き

・福祉サービスの利用料を払い込む手続き

・福祉サービス制度についての苦情解決制度の利用手続き

②オプションサービス～日常的金銭管理サービス～

　年金を中心とした日常的金銭管理の手伝い。取り扱う預貯金の口座の限度額は50万円程度が目安。利用者の希望・状況等により、本事業で取り扱う通帳・印鑑の預かりも行う。

・年金や福祉手当の受領に必要な手続き

・税金や社会保険料、公共料金、医療費を支払う手続き

・日常生活に必要な預金の払い戻し、預け入れ等の手続き等

③オプションサービス～書類預かりサービス～

・年金証書

・預貯金の通帳（1000万円程度以内）

・権利証

・契約書類

・実印・銀行印等

　※原則として利用者名義のみに限る。

　※借用書、国債等期日管理が必要な書類、宝石、骨董品、貴金属類、自宅や金庫の鍵は預かることができない。

（2）利用方法

　①利用希望　→②地域の基幹社協に相談　→③社協の専門員による訪問調査　→④利用者の希望により支援計画作成　→⑤契約　→⑥援助開始　→⑦支援計画等の評価　→⑧解約・契約終了

（3）料金

図表5-3●東京における地域福祉権利擁護事業の基本料金

援助内容		基本料金 (利用料)
福祉サービスの利用援助		1回1時間まで1,500円。以降、30分ごとに600円加算
日常的金銭管理サービス	通帳等を利用者が保管	1回1時間まで1,500円。以降、30分ごとに600円加算
	通帳等を社協が保管	1回1時間まで3,000円。以降、30分ごとに600円加算
書類預かりサービス		月1,000円

※東京都社会福祉協議会においては、「地域福祉権利擁護事業」の名称を引き続き使用している。
※生活保護受給者は一部免除制度がある。

著者作成

7 社会福祉法人制度改革

社会福祉法等の一部を改正する法律 (改正：平成28年3月31日法律第21号)

社会福祉法人制度改革のポイント

1　経営組織のガバナンスの強化

　議決機関として評議員会を必置、一定規模以上の法人に会計監査人導入

2　事業運営の透明性の向上

　財務諸表、現況報告書、役員報酬基準等の公表に係る規定の整備

3　財務規律の強化 (適正かつ公正な支出管理、内部留保の明確化、社会福祉充実残額の社会福祉事業等への計画的再投資)

　・役員報酬基準の作成と公表、役員等関係者への特別の利益供与の禁止等

　・「社会福祉充実残額 (再投下財産額)」(純資産の額から事業の継続に必要な財産額を控除した額) の明確化

　・「社会福祉充実残額」を保有する法人に対して、社会福祉事業又は公益事業の新規実施・拡充に係る計画の作成を義務づける等

4　地域における公益的な取組を実施する責務

　・社会福祉事業及び公益事業を行うに当たって、無料又は低額な

料金で福祉サービスを提供することを責務として規定
（平成29年4月から施行）

図表5-4●社会福祉法人制度の改革（主な内容）

○ 公益性・非営利性を確保する観点から制度を見直し、国民に対する説明責任を果たし、地域社会に貢献する法人の在り方を徹底する。

1. 経営組織のガバナンスの強化 □ 理事・理事長に対する牽制機能の発揮 □ 財務会計に係るチェック体制の整備	○ 議決機関としての評議員会を必置 ※理事等の選任・解任や役員報酬の決定など重要事項を決議 　（注）小規模法人について評議員定数に係る経過措置を設ける。 ○ 役員・理事会・評議員会の権限・責任に係る規定の整備 ○ 親族等特殊関係者の理事等への選任の制限に係る規定の整備 ○ 一定規模以上の法人への会計監査人の導入　　　等
2. 事業運営の透明性の向上 □ 財務諸表の公表等について法律上明記	○ 閲覧対象書類の拡大と閲覧請求者の国民一般への拡大 ○ 財務諸表、現況報告書（役員報酬総額、役員等関係者との取引内容を含む。）、役員報酬基準の公表に係る規定の整備　　　等
3. 財務規律の強化 ① 適正かつ公正な支出管理の確保 ② いわゆる内部留保の明確化 ③ 社会福祉事業等への計画的な再投資	① 役員報酬基準の作成と公表、役員等関係者への特別の利益供与を禁止　等 ② 純資産から事業継続に必要な財産（※）の額を控除し、福祉サービスに再投下可能な財産額（「社会福祉充実残額」）を明確化 　※①事業に活用する土地、建物等 ②建物の建替、修繕に必要な資金 ③必要な運転資金 ④基本金、国庫補助等特別積立金 ③ 再投下可能な財産額がある社会福祉法人に対して、社会福祉事業又は公益事業の新規実施・拡充に係る計画の作成を義務づけ（①社会福祉事業、②地域公益事業、③その他公益事業の順に検討）　　　等
4. 地域における公益的な取組を実施する責務 □ 社会福祉法人の本旨に従い他の主体では困難な福祉ニーズへの対応を求める	○ 社会福祉事業又は公益事業を行うに当たり、日常生活又は社会生活上支援を要する者に対する無料又は低額の料金で福祉サービスを提供することを責務として規定　※利用者負担の軽減、無料又は低額による高齢者の生活支援等
5. 行政の関与の在り方 □ 所轄庁による指導監督の機能強化 □ 国・都道府県・市の連携を推進	○ 都道府県の役割として、市による指導監督の支援を位置づけ ○ 経営改善や法令遵守について、柔軟に指導監督する仕組み（勧告等）に関する規定を整備 ○ 都道府県による財務諸表等の収集・分析・活用、国による全国的なデータベースの整備　　　等

出所：厚生労働省資料

図表5-5●地域公益活動に係る責務等の内容

再投下投資対象の財産の有無	無		有	
地域公益活動に係る責務の範囲	直接費用の支出を伴わないものに係る「地域公益活動」の実施		左記の責務に加え、計画的再投下財産を投下して行う「地域公益活動」の実施	
行政の関与	事前	事後	事前	事後
		現況報告書に基づく指導監督	再投下計画の承認	届出（更新）された再投下計画に基づく指導監督
地域ニーズ反映の枠組み	法人の事業計画に位置づけ		「地域協議会」地域福祉計画において把握されたニーズを基に再投下計画を策定	

筆者作成

高齢社会対策大綱　平成30年2月16日閣議決定

（法的根拠）高齢社会対策基本法（平成7年法律第129号）第6条

第1　目的及び基本的考え方

1．大綱策定の目的
　・65歳以上を一律に「高齢者」と見る一般的な傾向はもはや現実的なものではなくなりつつあり、70歳やそれ以降でも、意欲・能力に応じた力を発揮できる時代が到来。
　・高齢化に伴う社会的課題に対応し、全ての世代が満ち足りた人生を送ることのできる環境をつくる。

2．基本的考え方

（1）年齢による画一化を見直し、全ての年代の人々が希望に応じて意欲・能力をいかして活躍できるエイジレス社会を目指す。
　　○　年齢区分でライフステージを画一化することの見直し
　　○　誰もが安心できる「全世代型の社会保障」も見据える

（2）地域における生活基盤を整備し、人生のどの段階でも高齢期の暮らしを　具体的に描ける地域コミュニティを作る。

（3）技術革新の成果※が可能にする新しい高齢社会対策を志向する。

第2　分野別の基本的施策（主な施策

※日本一億総活躍プラン、働き方改革実行計画、新しい経済政策パッケージ等との連携

1．就業・所得
　○エイジレスに働ける社会の実現に向けた環境整備
　○公的年金制度の安定的（受給開始時期の選択肢の拡大（70歳以降）検討）
　○資産形成等の支援

2．健康・福祉
　○健康づくりの総合的推進
　　健康寿命延伸、ライフステージを通じた健康づくり・スポーツ活動
　○持続可能な介護保険制度の運営
　　地域包括ケアシステムの深化・推進
　○介護サービスの充実（介護離職ゼロの実現）
　○持続可能な高齢者医療制度の運営
　○認知症高齢者支援施策の推進
　○人生の最終段階における医療の在り方
　○住民等を中心とした地域の支え合いの仕組み作りの促進

3．学習・社会参加
　○学習活動の促進　多様な学び直し機会の提供
　○社会参加活動の促進

4．生活環境
　○豊かで安定した住生活の確保]
　　リバースモーゲージの普及、
　　住宅確保要配慮者向け賃貸住宅の供給促進
　○　高齢社会に適したまちづくりの総合的推進
　　「生涯活躍のまち」づくり、バリアフリー環境
　○交通安全の確保と犯罪
　○成年後見制度の利用促進

5．研究開発・国際社会への貢献等
　○先進技術の活用及び高齢者向け市場の活性化
　　介護ロボットの開発、ゲノム科学、無人自動運転移動サービス

6．全ての世代の活躍推進

図表5-6●令和3年度介護保険サービス鳥瞰図

		地域密着型サービス	介護給付
介護給付サービス		①定期巡回・随時対応型訪問介護看護 ②夜間対応型訪問介護 ③認知症対応型通所介護 ④小規模多機能型居宅介護 ⑤看護小規模多機能型居宅介護 ⑥認知症対応型共同生活介護 ⑦地域密着型特定施設入居者生活介護 ⑧地域密着型老人福祉施設入所者生活介護 ⑨複合型サービス ⑩地域密着型通所介護 ⑪共生型地域密着型通所介護	（居宅サービス） ①訪問介護 ②訪問入浴介護 ③訪問看護 ④訪問リハビリテーション ⑤居宅療養管理指導 ⑥通所介護 ⑦通所リハビリテーション ⑧短期入所生活介護 ⑨短期入所療養介護 ⑩特定施設入居者生活介護 ⑪福祉用具貸与及び特定福祉用具販売 ⑫共生型訪問介護 ⑬共生型通所介護 ⑭共生型短期入所生活介護 ＊住宅改修費
		居宅 介護支援	
			（介護保険施設） ①介護老人福祉施設（要介護3以上） ②介護老人保健施設 ③介護医療院
予防給付サービス		①介護予防認知症対応型通所介護 ②介護予防小規模多機能型居宅介護 ③介護予防認知症対応型共同生活介護	（介護予防サービス） ①介護予防訪問入浴介護 ②介護予防訪問看護 ③介護予防訪問リハビリテーション ④介護予防居宅療養管理指導 ⑤介護予防通所リハビリテーション ⑥介護予防短期入所生活介護 ⑦介護予防短期入所療養介護 ⑧介護予防特定施設入居者生活介護 ⑨介護予防福祉用具貸与及び特定福祉用具販売 ＊介護予防住宅改修費 ⑩介護予防共生型短期入所生活介護
		介護予防 居宅介護支援	
市町村事業	市	【基準該当サービス／市町村が条例により実施】＋ 市町村特別給付	
	総合 事業 ※	1 訪問型サービス ①相当サービス、②訪問型A ③訪問型B、 　④訪問型C ⑤訪問型D 2 通所型サービス ①相当サービス ②通所型A ③通所型B 　④通所型C 3 その他のサービス 例 栄養改善のための配色、住民による見守り支援 　　　　　　　　　　　介護予防居宅介護支援（訪問型A・B・Cのタイプ。） ※2021年度から、認定前から利用の新規要介護者も総合事業（一号）の継続利用可能	

※上記総合事業の対象は要支援者。※共生型サービスは、障害者総合支援法指定事業所（障害者等）
との相互乗入れ。※別途も既存の介護療養型医療施設は、令和6年まで有効期間延長

**問題
1**
下記の選択肢①〜⑤のうち、介護福祉士等によるたんの吸引について、正しいものを選びなさい。

[選択肢]

①都道府県が行うたんの吸引に関する研修を修了すれば、利用者に対してたんの吸引等を自己判断で実施できる。

②たんの吸引ができる介護福祉士等は「認定特定行為業務従事者」として登録後、一定の要件下でたんの吸引に従事できる。

③たんの吸引等の業務の内容の詳細は省令で定められている。

④たんの吸引は、医師の指示の下に行われる。

⑤業務としては、たんの吸引及び経管栄養があるが、その具体的対処に当たっては、看護師等との連携が必須となっている。

**問題
2**
下記の選択肢①〜⑤のうち、高齢者の日常生活自立度についての説明において、誤っているものを選びなさい。

[選択肢]

①高齢者の日常生活自立度には、身体に関わる自立度評価と認知症に関わる自立度評価の2種類がある。

②利用者の心身の状態を、より正確に表しているのが、介護保険法の「要介護・要支援認定」の結果なので、要支援・要介護の区分を把握していれば、日常生活自立度は重要ではない。

③要介護認定区分と同時に、それぞれの日常生活自立度は、担当者同士の連係やサービスの提供にあたっての情報として重要である。

④ケアマネジャーは、障害と認知の日常生活自立度を把握するとともに、サービス担当者会議では関係機関に正確に伝える必要がある。

⑤日常生活自立度の把握に際しては、「できないこと」「していないけど本当はできること」「できていないが、少しの訓練等でできると思われること」「できること」等について、利用者の把握を行うことが重要である。

問題 3

下記の選択肢①〜⑤のうち、福祉サービス利用援助事業についての記述において、誤っているものを選びなさい。

[選択肢]

①福祉サービス利用援助事業は、その実施の根拠は社会福祉法にあり、地域の社会福祉協議会で実施されている。

②福祉サービス利用援助事業は、利用希望者と社会福祉協議会の契約に基づき行われる。

③福祉サービス利用援助事業の内容として、利用者に代わって、例えば、アパートの契約、土地の売買契約等を締結するような代理行為も含まれている。

④福祉サービスの利用料金や家賃の振り込みや小口現金の管理等は依頼できる。

⑤判断能力がなく後見人が選任されているような場合でも、後見人が社会福祉協議会と福祉サービス利用援助事業の契約を結ぶことで、利用ができる。

解答 解説

解答1 ②、③、④、⑤

解説1 2012（平成24）年4月1日より、喀痰吸引等に関する以下の制度が開始されました。

◇対象となる行為

①たんの吸引（口腔内、鼻腔内、気管カニューレ内部）

②経管栄養（胃ろうまたは腸ろう、経鼻経管栄養）

◇喀痰吸引等実施者：介護職員等（ホームヘルパー等の介護職員、特別支援学校教員等）

◇喀痰吸引等の実施場所等：特別養護老人ホーム、介護老人保健施設等の施設や、在宅（訪問介護事業所等からの訪問）などで登録事業者により実施

◇医療関係者との連携に関する事項

①たんの吸引の提供について、文書により医師の指示を受ける

②介護職員と看護職員間での連携体制の確保・役割分担

③対象者の心身の状況の情報共有

④緊急時連絡体制整備

⑤対象者の状態に応じた、たんの吸引等の「計画書」作成

⑥たんの吸引等の実施状況を記載した「報告書」の作成と医師への提出

解答2 ②

解説2 介護保険制度の創設時の要介護認定は、高齢者の状態像に着目して要介護認定を行っていましたので、②のようにいえなくもありません。しかし、2009（平成21）年の要介護認定の考え方の転換により、認定は「状態」ではなく実際に係る「介護の手間」により判定されることになり、同じ要介護認定区分の者であれば、状態が同じとはいい切れなくなりました。

解答 3　③

解説 3　社会福祉法も、サービスの利用に関する項目等で大きな改正が行われ、名称も社会福祉法に変更されました。その改正により、福祉サービス利用援助事業も新設されました。これは高齢者と契約を締結し、高齢者の日常生活に必要な事柄について代行しようとするものです。基本的に代理権を持つ性質でないので、契約等は行われません。日常的な金銭の管理や支払いの代行、あまり大きな金額でない預金通帳の管理および各種相談に応じるものです。

①は正しい。②は利用者と社会福祉協議会の契約に基づき、実施されます。したがって契約締結能力がない高齢者とは、直接契約を結びこの事業を利用することはできません。③のように、代理人としての契約締結は想定していません。それは成年後見制度の分野になります。④の支払い代行等は本事業の対象です。⑤は、当該高齢者の後見人であれば、代理人として社会福祉協議会と契約を結び、本事業を活用することができます。

1　令和 2 年版「介護保険六法」中央法規

2　令和 3 年版「社会福祉六法」新日本法規

3　「ディリー六法」令和 3 年版　三省堂

4　「模範六法」令和 3 年版　三省堂

5　e-gov.go.jp 法令検索

6　「社会保障の手引き」2021 年版　中央法規

7　厚生労働省　全国厚生労働関係部局長会議

8　厚生労働省　全国介護保険・高齢者保健福祉担当課長全国介護保険担当課長会議資料

9　構成の指標　増刊「国民の福祉と介護の動向」2020/2021 (一社) 厚生労働統計協会

10　厚生労働省ホームページ

11　社会保障・人口問題研究所ホームページ

12　財務省ホームページ

13　厚生労働省社会・援護局関係主管課長会資料

14　社会保障審議会「介護保険制度分科会」資料

15　社会保障審議会「介護給付費分科会」資料

16　「令和 2 年版厚生労働白書」

17　「全国厚生労働関係部局長会議資料」令和 3 年 1 月

18　長谷憲明「よく分かる　介護保険のくみ　令和 3 年対応版　瀬谷出版　2021 年 4 月 21 日

19　e-Gov 法令検索

MEMO

MEMO

長谷憲明(ながたに・よしはる)

1970年早稲田大学商学部卒業、同年東京都入職、福祉事務所、東京都福祉局等勤務、2002年退職、同年関西国際大学経営学部教授、大学の地元で市及び地域住民と協働して地域活動等を行う。また地元の社会福祉審議会等に参加、2009年介護問題が生じ、退職し東京に戻る。2012年4月関西国際大学教育学部教授に再任。2018年3月同大学退職。2020年3月国際医療福祉大学大学院卒業(修士)この間、明治大学公共政策大学院兼任講師、学芸大学非常勤講師、東洋大学非常勤講師等を兼務

現在は、関西国際大学客員教授、特定非営利活動法人「サポートハウス年輪」理事、(一社)「モザンビークのいのちをつなぐ会」監事等

介護福祉経営士テキスト　基礎編Ⅰ－3　第3版
介護福祉関連法規
その概要と重要ポイント

2012年7月20日　第1版第1刷発行
2018年7月25日　第2版第1刷発行
2021年9月 1 日　第3版第1刷発行

著　者　長谷憲明
監　修　一般社団法人日本介護福祉経営人材教育協会
発行者　林　諄
発行所　株式会社　日本医療企画
　　　　〒104-0032　東京都中央区八丁堀3-20-5　S-GATE八丁堀
　　　　TEL. 03-3553-2861（代）　http://www.jmp.co.jp
　　　　「介護福祉経営士」専用ページ　http://www.jmp.co.jp/kaigofukushikeiei/
印刷所　大日本印刷株式会社

これからの介護・福祉事業を担う経営"人財"

介護福祉経営士テキスト　シリーズ全21巻

監修
一般社団法人日本介護福祉経営人材教育協会

【基礎編Ⅰ】テキスト（全6巻）

1	**介護福祉政策概論** ──施策の変遷と課題	第3版	和田　勝 国際医療福祉大学大学院教授
2	**介護福祉経営史** ──介護保険サービス誕生の軌跡		増田雅暢 岡山県立大学保健福祉学部教授
3	**介護福祉関連法規** ──その概要と重要ポイント	第3版	長谷憲明 関西国際大学教育学部教授・地域交流総合センター長
4	**介護福祉の仕組み** ──職種とサービス提供形態を理解する	第4版	青木正人 株式会社ウエルビー代表取締役
5	**高齢者介護と介護技術の進歩** ──人、技術、道具、環境の視点から		岡田　史 新潟医療福祉大学社会福祉学部准教授
6	**介護福祉倫理学** ──職業人としての倫理観		小山　隆 同志社大学社会学部教授

【基礎編Ⅱ】テキスト（全4巻）

1	**医療を知る** ──介護福祉人材が学ぶべきこと		神津　仁 特定非営利活動法人全国在宅医療推進協会理事長／医師
2	**介護報酬制度／介護報酬請求事務** ──基礎知識の習得から実践に向けて	第4版	小濱道博 介護事業経営研究会顧問
3	**介護福祉産業論** ──市場競争と参入障壁		結城康博　　　　　　　早坂聡久 淑徳大学総合福祉学部准教授　社会福祉法人柏松会常務理事
4	**多様化する介護福祉サービス** ──利用者視点への立脚と介護保険外サービスの拡充		島津　淳　福田　潤 桜美林大学健康福祉学群専任教授

【実践編Ⅰ】テキスト（全4巻）

1	**介護福祉経営概論** ──生き残るための経営戦略	宇野　裕 日本社会事業大学専務理事
2	**介護福祉コミュニケーション** ──ES、CS向上のための会話・対応術	浅野　睦 株式会社フォーサイツコンサルティング代表取締役社長
3	**事務管理／人事・労務管理** ──求められる意識改革と実践事例	谷田一久 株式会社ホスピタルマネジメント研究所代表
4	**介護福祉財務会計** ──強い経営基盤はお金が生み出す	戸崎泰史 株式会社日本政策金融公庫国民生活事業本部融資部専門調査役

【実践編Ⅱ】テキスト（全7巻）

1	**組織構築・運営** ──良質の介護福祉サービス提供を目指して	廣江　研 社会福祉法人こうほうえん理事長
2	**介護福祉マーケティングと経営戦略** ──エリアとニーズのとらえ方	馬場園　明 九州大学大学院医学研究院医療経営・管理学講座教授
3	**介護福祉ITシステム** ──効率運営のための実践手引き	豊田雅章 株式会社大塚商会本部SI統括部長
4	**リハビリテーション・マネジメント** ──QOL向上のための哲学	竹内孝仁 国際医療福祉大学大学院教授／医師
5	**医療・介護福祉連携とチーム介護** ──全体最適への早道	苛原　実 医療法人社団実幸会いらはら診療所理事長・院長
6	**介護事故と安全管理** ──その現実と対策	小此木　清 弁護士法人龍馬　弁護士
7	**リーダーシップとメンバーシップ、モチベーション** ──成功する人材を輩出する現場づくりとその条件	宮野　茂 日本化薬メディカルケア株式会社代表取締役社長

※タイトル等は一部予告なく変更する可能性がございます。